三態女神
神諭卡

The Triple Goddess Tarot

結合古老薩滿文化，以三態女神聖靈智慧給予指引，
啓發自我意識與覺醒，重返生命的和諧狀態。

著 伊莎・勒娜（Isha Lerner） 繪 瑪拉・費德曼（Mara Friedman）
譯 尤可欣、甘宜平、林麗純、娜塔 Narta

當我們可以給周圍所有人全然的自由的時候，是我們不再渴望束縛及限制、不再期待任何人可以給我們什麼、只想不斷付出而不拿取，在那一刻，我們會發現自己已經在這世界中得到自由，束縛會從身上脫落，枷鎖會斷裂，我們終於嘗到人生中第一次完全自由的絕妙喜悅，完全脫離人類的自我壓抑，而甘願、愉悅地成為那高我的僕人。

——愛德華・巴哈醫生（Dr. Edward Bach），巴哈花藥創辦人

（摘錄自 1931 年於英國的演說）

將三態女神神諭卡獻給我三個女兒——

嘉比（Gabrielle）、卡雅（Katya）、蘇菲亞（Sophia）

——I.L

給葉塔（Yetta）祖母，我耀眼的光！

妳留給我的無條件的愛、慈悲、以及智慧，都是最珍貴的禮物，

也是源源不絕的靈感泉水，讓我每天得以啜飲。

另外還要獻給鮑勃・拉提夫（Bob Latif），我全方位的伴侶！

感謝你全然信任我、鼓勵我、支持我、穩住我、教導我，

同時和我一起參與我們共同編織的美夢。

——M.F.

獻給各種樣貌的、至高無上的三態女神。

——T.M.

目錄

5 煉金術牌：成就智慧的王者之道　85

煉金術牌解讀

6　脈輪牌：透過神聖七脈輪調合身體與土地　223

脈輪卡說明

感謝

　　我想對瑪拉‧費德曼（Mara Friedman）表達心裡的景仰和感激，因為她畫出了許多美麗的作品，因而創造了「三態女神神諭卡」；另外還有塔拉‧麥金尼（Tara McKinney），我們的編輯及文字作者，她不辭辛勞、充滿著愛，為我們這項工作貢獻了許多時間和精力；要感謝我的個案們，他們每天都教我要智慧、勇敢、努力；感謝麥可‧渥夫（Michael Wolf）以那驚人的幽默感和善解人意支持我探索真誠、愛，以及自我認可；感謝珍妮‧列維唐（Jeanie Levitan）、羅伯‧密多斯（Rob Meadows）、瓊‧葛拉罕（Jon Graham）與 Inner Traditions and Bear & Company 出版社全體同仁，感謝你們相信這個作品。最後，但也是最重要的，我要感謝南西‧耶德林（Nancy Yeilding）精確的編輯專業。愛療癒一切。

——伊莎‧勒娜 I.L.

　　我非常感謝有這機會參與這份工作，同時也要謝謝所有參與「三態女神神諭卡」製作的人，讓它可以實現。其中我特別要感謝伊莎‧勒娜（Isha Lerner），因為她不斷以一個遠景說服我，並向我展示我們可以如何一起創作；謝謝 Inner Traditions 出版社的珍妮和培理（Peri），在工作上很好相處

並陪伴我度過許多不熟悉的過程，感謝 Inner Traditions and Bear & Company 出版社給我們這個機會去實現我們的遠景；謝謝我親愛的姐姐凱倫的愛和好眼力；感謝我最珍惜的家人——傑夫（Jeff）、喬許（Josh）、尼克（Nick）、米卡（Mica）、艾莉（Eli）、東尼（Tony）還有克莉絲多（Crystal）——感謝你們的愛與幽默支持我這瘋狂藝術家；感謝我的朋友及我參加的女人圈，他們真誠地鼓勵我並給我綻放的空間；感謝「清溪會」（Stream）姐妹們給我機會分享我的熱情並爲我指引道路；感謝我的母親法蘭絲（Frances）、父親大衛（David），你們爲我深深埋下智慧的種子，並讓我追隨你們的夢，無論如何都以家庭爲重。最後，獻上深深地感謝給……所有的導師，他們贈與的愛和智慧啓發，照亮了眼前的道路。

——瑪拉・費德曼 M.F

特別感謝安・肯尼（Anne Kenny）、約翰・葛比（John Garby）、多洛雷斯・威藍（Dolores Whelan）和麥可・施樂文（Michael Slavin），感謝他們的幫助，參與了這個介於真實世界與奇幻世界之間的神祕過程；另外還要特別感謝我的姐妹們，芮尼・米勒（Renee Miller）和泰瑞莎・費羅（Teresa Fellows），感謝我的母親派翠西雅・科力岡（Patricia Currigan）、義兄邁克・米勒（Mike Miller），真的很感激你們的支持。

——塔拉・麥金尼 T.M.

前言

　　三態女神神諭卡──一副美麗的神諭牌──是由三位獨特而有創意的女性所設計製作，她們的藝術合作涉及了身、心、靈各個層面，兼具塔羅占卜、脈輪研究和初級煉金術的知識，這副深受女性喜愛的神諭牌既簡單又複雜──簡單的是它並沒有太多學術文獻的包袱，而複雜的是它提供了多元的解讀方式。

　　三態女神神諭卡的發想是由伊莎·勒娜開始，她想要一個「像女神般過日常生活」的工具，然後，透過瑪拉·費德曼驚人的執行力，以她所繪的動人圖畫──這些圖畫本身就帶有生命──讓整副牌注入了神性的精神和力量，最後還要歸功於編輯兼文字作者塔拉·麥金尼充分展現表達溝通能力。而三位女性彼此之間相互啟發、尊重，讓關係中那份和諧優雅傳達到作品裡，使整個作品的成果非常圓滿。

　　本書注入了豐富的歷史知識、史前學、神祕學及女神靈學，卻沒有造成過度負擔，因為伊莎·勒娜以她個人在塔羅、煉金術、星相、靈數、草藥和神祇研究上的豐富經驗貫穿書中每一頁。同時以說故事的方法取代學術論述，她很清楚這本書的目的，就像一個老師熱愛研究主題也顧及學生的學習效果。她坦率而真摯，將自己一生在女神學、女性心靈成長道路上

的過程眞實表露，讓這本書不但成爲一個很好的工具，也爲讀者樹立一個輕鬆而可靠的典範。

傳統塔羅牌中的二十二張大阿卡納牌（Major Arcana）經由重新編排，在這裡稱爲「煉金術牌」（Alchemy Cards），將傳統的解讀內容以女性觀點重新建構。例如，愚人（The Fool）在這裡稱爲皇后仙子（Fairy Queen），而教皇（Hierophant）則成爲女智者（Wise Woman），整副牌還同時將佛教、印度教、凱爾特神話、馬雅文化及其他原型理論交織在一起，形成一種「譚崔密學」（Tantric），用於幫助自我覺察和生命覺醒。除此之外，創作者們加入了四種原創的煉金術牌，分別代表「尙未顯露的發展階段」，另外還有一套對應七個脈輪的牌，可以與其他牌一起使用，或單獨占卜。

鼓勵讀者們放輕鬆，透過時間和練習，讓神諭自然而然展現它的教誨，畢竟，深奧的觀念無法藉由虛張誇耀來傳遞。每張牌精緻的圖畫都賦有直覺性的預言，可作爲讀者每日生活的指引，讓讀者可以在多頭馬車的生活目標中定下心，在「三態女神世界的愛」中扎根。身處這個複雜、躁動不安的時代，我認爲這獨特的創作重新詮釋了古代生活被遺忘的智慧，眞的沒有比它更好的作品了。

獻上祝福

——維琦·諾貝爾（Vicki Noble）

和平之母塔羅牌（Motherpeace Tarot）共同創作者

2002 年春分

繪者序

　　這個作品的種子是三年前種下的，當時我的朋友伊莎・勒娜剛巧和我同時間都到了考艾島（Kauai），而且我們在海灘邊的房子竟然只相鄰幾個門！當我們一起漂浮在溫暖如母胎般的海水中，三態女神神諭卡就這麼開始孕育了。

　　其實關於這套牌卡的許多工作早就完成了，經由伊莎對於塔羅專業的知識，將我所繪的許多圖案編織在一起成為煉金術牌（大阿卡納牌）——這可說是我十年的工作裡所達到最絢麗的巔峰，它帶領我進入最深的地方，從虛空中引出許多關於我個人、作為一個女人成長旅程的許多意象。

　　「三態女神神諭卡」創作的源頭來自於我在 1997 年所畫的一幅命名為「三位一體」的畫。當我完成那幅畫時，突然有種覺得自己已經成就圓滿的感覺，懷疑還需不需要繼續。「三位一體」的圖像將所有元素都完美整合，完全滿足我渴望表達的女性的神聖性，然而接下來的狀況是，源源不絕的影像讓我想要一一完成，「三位一體」這件作品於是開花結果，產生了一系列神諭圖像，給了這副塔羅牌一個女性聖靈的面貌。

　　在這個案子中，我主要的新工作是創作一系列關於七脈輪的畫作。我對這項挑戰感到既興奮又害怕，因為要醞釀一系列畫作並讓它肩負原型意

義的重責大任，這期待實在太沉重。這系列脈輪繪畫的實際作畫時間總共花了約五個月，從 2001 年的夏末到 2002 年初冬，期間，令人震驚的 911 事件也影響到我的心靈，並反射到創作當中。直到我終於可以再次面對那當初衝擊我的一波波恐懼的浪潮，才又回歸到一個更深沉的寧靜，然後繼續經驗與日俱增的感受，清晰、勇敢、信任這世界最近產生的變化。

　　同時，我沉浸在關於脈輪的書海中，畫下許多筆記，再從大量的速寫中篩選、完成草稿，然後再進入到將油彩畫到畫布上的過程。從紅色的海底輪開始，我依序創作，穿越彩虹光譜逐漸往上畫到紫色的冠輪。原本的期望是將我對每個脈輪能量本質的認知提煉成平面畫作的形式，然而當我幾乎完成創作時，竟覺得自己像個瘋狂旋轉的舞者，在我的帳篷工作室中不斷旋轉、旋轉，從一個脈輪的畫作到下一個，不斷地精煉、增加力量、添上光澤。

　　那是一段非常強烈的旅程，而當我畫下最後一筆，一股巨大的釋放緊接而來。創作這一系列作品讓我跨越一道新的門，一道向絢麗的智慧彩虹開放的門──而七個脈輪能量系統實際上就是將我們連結天與地的彩虹。這個案子也讓我的工作焦點從此更開展了，除了對女性神聖性的崇敬之外，也透過教學和藝術創作分享關於脈輪更深刻的知識。

　　色彩就是療癒！願我們都能覺知愛、和諧與美！

──瑪拉・費德曼

考艾島，夏威夷

2002 年 4 月 4 日

作者序

三態女神神諭卡：
我與女神傳說的漫長探險旅途

　　很多年前我問自己一個問題：「如果每一天我過著像女神般的生活，我的生命會變成什麼樣子？」我渴望明白並在日常生活中具體實現女神的本質精神，觀察自己的行為及各種面對生命的反應，真誠地試著轉化自己的恐懼、自我否認，並於內在發掘無條件的愛，經歷這些過程之後，我走上一條覺醒的道路，它堅定且充滿愛地指引我走向真實的生命。我曾經仔細檢視這個想法：是否我真的「是個女神」？是否我遇到的每個狀況都是命運呈現的一面神聖的鏡子？漸漸地，我覺察沒有任何一個經歷會超出我自己的意識和抉擇所設下的界限，人們常講的「沒有任何一件事跟別人有關」這個概念對我來說愈來愈真實，當遇上所有成長的課題，我都會問：「如果是女神的話，現在會怎麼做？」我開始全心傾聽靈性高我的聲音，發現即便承諾過著覺知的生活，生命也不能免除人類情緒糾纏的苦惱及痛苦，我學習到遭遇生命的難處其實都是女神在努力幫助我達到自由。

　　在我邁向圓滿的旅途中，還交織著養育三個女兒的經驗。大母神（Great

Mother Goddess）的原型給了我很大的力量，讓我在日常生活的每一天都試著去瞭解女性聖靈（Divine Feminine）的真理，並運用在我的狀況中。成為母親這件事給了我一個禮物——雖然我天生就很熱情、自動自發——讓我有無數的機會去超越自己。我和我的女兒們一起互相塑造彼此，讓我們成為今天的自己，而我也發現每個女人都有一個屬於自己的原型鏡像，可以幫助她成為一個更圓滿完整的自己。

一次又一次我問自己：「如果是女神，現在她會怎麼做？」每一次我都在尋找最深刻的答案。整個過程裡一直保持不變的，是我始終堅持擺脫自我否定、無意識模式帶來的桎梏；但另一方面，我也會像現代社會中大多數女性，期許自己的心、靈去挑戰需要勇氣才能完成的任務，邁向更高的目標，即使這一路走來曾經歷極大痛苦，運動、教孩子打壘球、與朋友家人共進奢華的晚餐、在兩次失敗的婚姻中試著作一個完美的情人或伴侶。

當過程變得太艱辛痛苦，我也不知停止，並不覺得自己有餘裕停下來，我早已下定決心在這些事情上沒有失敗可言，要給這世界一個堅忍女性的典範——一個絕對拒絕認輸的人。直到後來我才體認到這是件多麼悲哀的事，我們一直在剝奪自己擁抱自然規律的機會，就像一天中有白天黑夜，我們用盡全力向前衝，完全違背自然且渴求過了頭。

當我在創作並書寫《內在小孩卡》（*Inner Child Cards*）（1993 年出版）的作品時，一邊努力尋回兒時的神奇片段、一邊撫養女兒們，當時從塔羅及傳說故事中得到不少安慰。隨著時間過去，我對花朵療癒藥效的深刻感動，又一次激勵我創作了另一副牌《花朵的力量》（*The Power of Flowers*）（1999 年出版），這個作品——結合原型意識的靈性力量和植物的治療特性——深深地療癒了我自己。

從這個新的幸福的起點，我又再度重新回首過去幾年並問自己：「如

果我過著女神般的生活，生命會變得怎麼樣呢？」我會相信自己每一刻都是被愛的嗎？我會帶著滿意的眼神觸摸自己的身體嗎？我會欣賞自己的臀部嗎？我是不是再也不會懷疑自己的價值？最後，我得到的答案是「並不盡然」。

當我重新擁抱女人的神性，靈魂以較高轉速螺旋前進時，我發現自己開始體驗女神奧祕中不同的階段，這些不同階段合一即為圓滿。我終於明白她其實就是那無條件愛的起源，存在於黑暗、光明以及彩虹的光譜中，她以不同姿態呈現：黑色聖母（Black Madonna）、聖母瑪麗亞（Mother Mary）、伊西絲（Isis）、卡利（Kali）及凱爾特民間傳說中的皇后仙子等。而在童話神祕學中，她偽裝成巫婆般的後母，或相反的，成為白雪公主、睡美人或灰姑娘。她是三態女神、聖索菲亞（Divine Sophia），代表著生命不斷更新，以及出生、死亡、重生不斷的輪迴。她是你的母親、姊妹、女兒、你最喜歡的阿姨，或一個最好的朋友，她既存在女人也存在男人內在，她住在我們心裡充滿畫面的幻想中，也住在像地穴般最深的渴望裡。她是我們吸吐的每一個氣息。

她的形貌可以像日落紅霞般光彩耀眼，也可以像凋零的花有著黯淡的顏色，甚至也像飢餓引起的麻木疼痛，或失落寂寞遊魂的枯槁形容。她無所不在，在生命每個面向、每一天當中。她時近時遠，像大海潮汐或月亮的陰晴圓缺，當需要時她會顯現，然後又退出讓我們自己獨立。她觀察我們犯的錯誤卻不批判，她慶祝我們的勝利也祝福我們收穫，她以雙眼注視守護著每個人的靈魂，無論是生態學、生物學、心理學、宇宙哲學中，都可以看到她以恆久不變的自然法則擁抱我們。

我試著過一種女神思維的生活，努力在她充滿啟示的視野中尋找解脫不安痛苦之道，終於在每一天的生活裡，我都從女神的奧義中獲得平靜。

在我四十歲後半，作為一個成熟女人，我願意把自己交付給尚未顯露開展的一切，以便讓自己的生命可以活出女神聖靈的智慧。我非常感恩可以在這世上有機會發現屬於自己的道路，並分享我的熱情給那些想要達到相似目標的人，「三態女神神諭卡」就是從那希望和啟發的種子發出的芽，因此，三個非常重要的問題——在《沙爾特黃金時代》（The Golden Age of Chartes）這本書中曾清楚地提出——現在已經安住在我的內在。

它們分別是：（1）人性透過與靈性連結，將如何療癒心靈？（2）我們如何在土地上做些努力來療癒地球？（3）我們要如何透過靈性的合一，來療癒實體社會？這三個問題在某個層面上已取代了我最原初的問句：「如果是女神的話，現在會怎麼做？」事實上，我認為它們基本上是同樣的。

在我持續追尋她的真理時，我學到恐懼、憤怒、爭吵和痛苦，事實上跟喜悅、豐盛、寬容與愛一樣，是女神生命中不可少的。我也明白一直以來不斷要求的理想生活、伴侶、體態、收入，以及類似的種種其實都是一種失衡，強要她的精華本質卻排除那不可分離的失誤及不完美。我已經學到自己的身體就是她靈性真實的一種神聖表現，因此，否定這副身體形貌，就等於否認她居住在我內在。當我一腳跨入女性聖靈所給的各種啟發與功課，我發現自己即使在最悲傷的時候也可以站得穩，即使覺得害怕、脆弱，也可以在眾人中抬頭挺胸，就像魯米（Rumi）所說的：

你如何知道作為一個人有多難，

如果你不追求登天一般的完美？

而你怎麼會種下那悲苦的種子呢？我們需要的只是

在土地上挖挖鏟鏟，而不是像你望向那模糊的慾望天際。

「三態女神神諭卡」是對女性、也是對男性的一個邀請，請你步上一個旅程，進入大母神那充滿光輝的子宮，潛入她的心，沉浸在那最精華的智慧與愛當中。這套占卜用的牌與書連結了塔羅奧祕的核心——二十二張大阿卡納牌，或稱爲「大奧祕」——加上非常有說服力的原創圖像，栩栩如生地傳達出三態女神聖靈的生命力。在這裡要特別強調，女性聖靈的三位一體說從宇宙誕生開始就已經存在，遠比耶穌基督及基督教宣揚的神聖三位一體論要早得多。這些女神三位一體論信仰的參考資料可以從許多古老的神祕學、魔法煉金術、奧祕書當中發現，同樣的，在許多原始民族口述歷史及不同宗教傳統中也可以找到。

　　例子非常多，例如全世界各地的祕教、薩滿信仰中，顛倒的三角形可以被解讀爲女陰的象徵，更可以延伸它的意義，解讀爲靈魂降世來到這我們稱作人生的輪迴世界，爲的就是要經歷種種課題及戲劇性的轉機，以有所成長。相對的，正向的三角形則代表靈魂垂直連結了神靈世界，當這兩個三角形重疊就形成一個六芒星——在印度教、佛教、猶太教聖像中都可見到——我們彷彿見證了煉金術式的合體，將神靈與物質世界合而爲一。

　　同樣的，在印度瑜伽傳統中，三角形中央一個點代表的是「生命之光」——女性的生命能量與力量。在古埃及，女神伊西絲的聖皿象徵子宮，擁有創造宇宙的元素：太陽、月亮與土地。最後，在塔羅傳統奧義中，數字三與藝術、高層次知識有關，而這個數字的管理者在大阿卡納牌中是皇后，也就是一個三態女神。

　　塔羅的二十二張大阿卡納牌所象徵的原型，剛好完美對應了三位一體論的符號學，在三角形的三邊上各自擁有七張牌，分別代表過去、現在、未來，也代表身、心、靈，而零號牌「愚人」則位於正中央，展現著新生命的火光。

二十六張煉金術牌

　　神諭的智慧化身為塔羅，包含了七十八張牌：四十張數字牌（每十張為一組）、十六張宮廷牌（每四張為一組），以及二十二張大阿卡納牌，即所謂的「靈魂牌」或「大奧祕」。在「三態女神神諭卡」中，有四張新的牌加入既有的二十二張大阿卡納牌，總共成為二十六張牌。新加入的四張牌並不會破壞原來二十二張大阿卡納牌的完整性，反而為原來那些牌加上神聖三角的光環。這些新的牌代表的是將要昇華的潛力階段，以一種覺醒或懷抱大志的初生形式展現，這神聖三角包含了四張牌，其中三張分別是無盡的祝福、無窮的真理、無限的潛能形成了三個邊，而第二十六號牌，也就是新增加的第四張牌，位於三角中央的火光，象徵無極宇宙大母，世界的子宮，在這就稱為三位一體神。

　　我們稱這二十六張牌為「煉金術牌」，因為在煉金術中，最大的希望就是煉就「聖賢金石」（philosophical gold）、「萬靈丹」（panacea）、「奇蹟之石」（wonderful stone），而煉金術士最終的目標就是昇華人性、提升個人意識、釋放靈魂的羈絆。這煉金術上的變化也可以導致身、心、靈深層關係的轉化。因此，三態女神神諭卡——以二十六張牌作為開始——實質上賦予了使用這副牌的人一種「心靈煉金術」。

七張脈輪牌

　　在二十六張煉金術牌之外，還有七張脈輪牌，所以在三態女神神諭卡中總共有三十三張牌，三十三可說是個神聖三位一體的代表數字，因為據說耶穌基督升天的年紀就是三十三歲。脈輪牌分別代表了七個力量中心，

是人類身體活化生命力的核心，這七個能量螺旋形的場域可以使我們恢復活力、清晰度及創造力。當它們在覺醒及健康的狀態下，可以讓我們的生活保持和諧、自由及完整的狀態，並且容易接受能量療癒的藥方，如花精、順勢療法、聲音或色彩療癒及其他各種能量振動治療。

這七張脈輪牌是在三態女神神諭卡大結構下的迷你牌組，繪圖作者瑪拉・費德曼以她美麗的描繪，展現各個脈輪散發的能量特質，賦予這世界一個散發光彩的「靈魂體」觀點，而脈輪牌也確實可以讓初學者在靈性方面，隨著身體一起成長。

身心統合

在我們的文化裡，常常使用塔羅牌作為一種指引來幫助個人以嶄新的、具有想像力的、刺激思考的方式，來看待他目前所處的生命狀態。三態女神神諭卡則比這傳統的功能更進一步，它透過對脈輪系統的冥想得到身體更深刻地覺察，進而指引並啟發個人將靈性原型意象融合到每天的經驗中。

這是一件攸關性命非常重要的事 —— 特別是在現代這個快速發展的年代 —— 我們應該開始將物質界的身體與高層靈界的原型能量合一，這樣我們才可能療癒並清除身體裡，阻礙我們活得更健康、幸福、自由的種種障礙。三態女神神諭卡尋求幫助人們的方法，將身心靈的連結精簡濃縮在二十六張煉金術牌 —— 代表的是高層次的靈性原型意識，以及七張脈輪牌 —— 代表的是聖殿般的身體及其能量。有許多牌陣都結合煉金術牌及脈輪牌來運用，而這兩組牌也可以各自使用。

女神三態

　　一九九八年時，瑪拉・費德曼與我一起探討創造一組療癒用的牌組，同時著重女神聖靈的展現。一九九九年，非常巧合地我們同時都在夏威夷，住的地方僅相距兩間房舍，於是就決定在那碰面——真是如天堂般的孕育之地——並設定合作的基調及方向。於考艾島一個美麗的海灘上，我們在最喜愛的夏威夷太平洋溫暖的海水中，為這項計劃進行了一場神聖的「洗禮」儀式。那是個美麗的日子，我們隨著溫柔的海浪漂浮，一邊談論著對於三態女神神諭卡的遠景。接下來的兩年，這個計劃隨著我們倆各自的生活變化起起伏伏，我們保持聯絡，一邊給彼此很大的空間，一邊建立起友誼，當 Inner Traditions and Bear & Company 出版社傳來願意出版我們這計劃的好消息時，我們共同分享的夢才開始走上實現之路。

　　當這個計劃愈來愈成熟並逐漸展現它最終的面貌，塔拉・麥金尼——我前一本書的超級編輯，同時也是異常有個人特色的作者——加入了這個計劃，她的支持、創意，以及讓文字流暢的能力真是一項上天的禮物。

　　我非常感謝瑪拉的美麗視覺藝術及塔拉優雅的文字，我們三人一起以三態女神之姿，誕生了三態女神神諭卡。我們真心期盼透過這個作品，你會愛上三態女神所展現的所有面貌，願你在她那偉大孕育生命之源的子宮裡享受安寧，並進而覺知她即是你最真的本我。

1

各年代中
三態女神的奧祕

對於修行者來說，她以任何樣貌展現都是適宜的，

就像滿月透過不同大小、形狀的反射物會呈現出不同的形貌。

——安‧克萊恩（Anne C. Klein）

女性宇宙論中的三態女神

　　在萬物源起之初，只存在著一個原初大母胎（Great Primordial Womb），她充滿喜樂、沉靜地養息著，絲毫沒有一絲動靜。然而生命的各種可能性早已孕育成熟，處在一個醞釀完成的狀態；然後，那沒有時間軸如夢境般的某個渾沌的時機，出現了非常精微的變動。接著在深水表面激起第一道細微的波動，又緊接著退去，就在那一刻，女神開始甦醒，並將她自己產下到這世界，成為萬物之原初。能量的搏動、起伏的漣漪像奇蹟之舞，神聖的生產過程開始了，而最後的高潮，就是我們摯愛的宇宙產生猛烈的爆炸，然後誕生。那螺旋的、彩虹色的星際充滿喜悅及飽滿的能量，它的本質是全然無條件的愛，接著炸裂成七重流動的液體，萬物就這麼產生。

第一個、也是最早的聖三位一體——三態女神最原初的形態——從這場狂歡的造物過程中浮現。這最原始的三位一體，即是指那純淨、光明、靜止不動的神聖母胎，加上動態的誕生過程，以及節奏起伏如潮汐般的新世界。就像波濤洶湧的海洋，女性聖靈在她的深處保持完美的寂靜，然而表面卻潮起潮落，展現生命的流動。她既隱匿自己又不時浮現，前一刻休眠下一刻又全然甦醒，就像一位母親不時抽手，讓她的孩子發展他們自己的洞察力及自由意志，大母（Great Mother）也會規律地退回到她自己內在，讓我們全然面對獨立的挑戰。像這樣的生起、死滅的變化有時是以很大的規模在進行著，甚至連我們的宇宙也是「多元宇宙」（multiverses）中的一員，在這永恆之流中不斷地發生，然後又消逝。

史前的三態女神

　　地球最初二十億年的演化過程就如同一個小宇宙的發展，完全反映了前述三位一體宇宙論中的過程。在時間擴張的階段，性別演化尚未發生之前，生殖的意義僅限於增加數量，陰性體內有著如地球海洋般子宮的結構，可以自我繁殖。就像那萬物之始的神聖母胎裡掀起了第一道波動又落下，宇宙規律的毀滅又逐漸飽滿，地球上最早的生命跡象也是以海潮渦流般回旋起伏。海洋像母體的羊膜般保護滋養著這些生命，同時又隨著月亮週期搖擺翻滾著，最後它們都會死亡，順應萬物自然的發展過程，然後再讓新的生命浮現。

　　在演化的過程中，那萬物之始的母胎最後轉化成女性的身體，而隨著需要，男性與女性的性器官也開始各自發展演化。然而，我們這個世界本質上是屬於陰性的，因此這個記憶一直留存在基因中，以至於所有哺乳動

物的胚胎——雄性或雌性——在胎兒成型的最早階段，解剖學上都屬於雌性。同樣地，在人類存在的前三萬年，對於一個新生命來說，整個原始環境都是屬於女性：包括來自母親的身、心、靈各層面影響，以及由女性——女孩、成年女人、老嫗——合作守護人類族群最脆弱的成員，嬰兒及孩童。

在這個尚未有歷史紀錄的時期，考古學的證據指出大母神的影響滲透我們那些打獵群居的祖先們的生活，她是最原初的母體（Primal Matrix），人們在她體內生活、死去，她是呼吸所需的空氣。更進一步研究，指出史前人類很明顯擁有許多關於大母神三位一體的觀念。然而，到底誰能明確指出，什麼時候那螺旋的女神形象開始在人們心中蘊藏？什麼時候開始那肉慾感官的女性曲線開始被描繪、雕刻，或是以任何形式展現？我們只知道數千年前的某一刻，這一切就這麼開始發生了，而且可能在地球上不同的地方同時產生。在宇宙論中，所謂的大母神被認為是月亮／太陽／地球三位一體的化身。而另一種三位一體的說法認為她是孕育萬物的地球，像個母親或女性的子宮，生命蘊藏其中等待誕生，同時也是一個墓穴，生命在此埋葬，等待重生。

三態女神與農業革命

大約一萬年前的東方及六千年前的西方，兩邊的社會秩序及人們的意識結構都發生一場大變動，那就是所謂的農業革命產生，而在生殖繁衍方面，男性角色也產生新的覺知。從宇宙論來說，兩股相衝突但平行發展的思潮興起，好不容易延續至今仍共存著，這對於人類種族及地球都產生了極悲慘的後果。

第一股思潮其實就是前述的女性宇宙論的延續，甚至更為周延精緻。

到了今天當我們觀察女神的形象時，常會發現兩道螺旋刻劃在象徵生殖器的三角形上，其中，往上盤旋的代表出生、往下盤旋的代表死亡，而那三角形也象徵大地子宮，所有生與死的力量都是由這裡發出的。

在這個階段——特色是人類第一次開始有了種植種子並收獲作物的動機——女性宇宙論與植物的生長、死亡、重生週期變得更密切，在這時期有一個符號與三態女神相關，那就是描述四季農作故事的十字符號。在靈數學（numerology）中，習慣將二位數分開加成一位數字，例如：12=1+2=3。很明顯地，這個十字符號是由四個三角形組成（4x3=12），象徵著三態女神在植物生命週期中每個階段，都扮演非常重要的角色。理所當然地，這個十字——與農作的四個季節相關——同時也密切遵循著月亮的週期。

在這個時期的神話中，大母神生了另一個三態合一的女聖靈——與月亮三態蠟月（成長）、虧月（階段性死亡）、滿月（重生）有關的女兒神。在以女性為基礎的宇宙論中，出生、死亡、重生的循環可以從地球觀看太陽月亮的相變反映出來。三態女神——擁有太陽、月亮、地球的形貌——在植物生長過程中具體產生影響，首先是種子在土地裡種下，隨著月亮週期帶來水氣滋潤，然後在陽光下開花結果，而果實帶來更多種子，就這麼開始另一輪生長、死亡、重生的週期。

在這個時期產生的第二個宇宙觀，從廣義來看，就是男性在繁衍生殖角色的認知上有了進展。在神話中，這個新的觀念以一個神的兒子或丈夫角色來表現——通常稱為太陽神——他迎娶、征服，最後完全取代原來的大母神。當早先存在的女性神話對這人類社會產生的新秩序造成困擾，它不是被嘲弄、抹滅，就是角色反轉由男性形象取代，然而，接下來我們就會明白三態大女神被埋藏的事實並未全然封印。

歷史紀錄中的三態女神

如果深入挖掘，並知道怎麼解讀那些歷史紀錄字裡行間的言外之意，就可以發現三態大母神（The Great Triple Mother Goddess）在許多信仰及靈性教導中都有出現。她有許多不同的名字，其中包括：天照大神（Amaterasu）、阿納塔（Anat）、亞舍拉（Asherah）、阿斯塔蒂（Astarte）、雅典娜（Athena）、黑色聖母、布里吉德（Brigid）、穀神科瑞斯（Ceres）、狄蜜特（Demeter）、杜爾迦（Durga）、夏娃（Eve）、伊南娜（Inanna）、伊西絲、伊絲塔（Ishtar）、卡利、觀音（Kannon）、觀音（Kwanyin）、莉莉絲（Lilith）、瑪麗（Mary）、般若多羅密（Prajna-Paramita）、大辯才天女薩拉斯瓦蒂（Sarasvati）、舍吉拿（Shekinah）、蘇菲亞（Sophia）、度母（Tara）、道（Tao）、東南精（Tonantzin）、金剛亥母（Vajrayogini）、葉曼迦（Yemaya）、空行母伊喜措嘉（Yeshe Tsogyal）。

到底原初大母胎如何基於三態一體的本質，衍生出這麼多樣的面貌，而且跨越文化、亙古貫今？為了幫助理解，可以萬花筒來比喻這個現象。萬花筒的光源只有一個，而這束光經過不同角度折射之後，我們就可以欣賞各種豔麗虹彩以無盡的三角形狀排列組合。同樣道理，上述提到的每一位女神 —— 以及許多其他尚未提及的 —— 都是那潛存的原初大母胎的化身，每個都展現了她那律動的、螺旋的、三態合一的本質。

在時間觀念開始之前，原型意象的智慧種子就在大母神的子宮中孕育，這也提供了女神們在那百變的形貌下有基本的模式及樣態。矛盾的是，萬花筒般百變的三態女神基本上是唯一的，就像海面上的浪儘管多變，終究都一樣是海水，只是她們各自有獨特展現，我們可以這麼說，所有女神都屬於三態女神的姐妹家族，誕生於同一個子宮，然而又各自以獨特面貌顯現。

要從那塵沙般無數扭曲的資料中，篩選出關於三態女神正確的紀錄，是件非常辛苦艱難的事，神話中有太多綁架、搶婚、強暴、虐待，甚至謀殺的描述，但最令人沮喪的是那無數——而且是刻意捏造的內容，敘述三態女神是從男性創世主的頭、肋骨、嘴、心或眼淚中誕生或創造出來的，這類顛倒順序的紀錄，實際上讓我們與自己和這世界都切斷了連結。

這些紀錄不但搶劫了我們自己對於事物所擁有的那種女性週期特性的感受，更廣泛來說，它抹滅了女性的神性。

要處理這些紀錄最好的辦法，首先要回歸自己的核心，回到那三態一體的原初大母胎中——經過猛烈的爆炸誕生了閃爍著彩虹光彩、能量渦旋的宇宙——接著，進入生生死死規律的循環，具有這最基本的女性觀，三態一體的基礎就穩固地奠定了，可以整裝出發，在那充滿錯誤顛倒的惡水中航行，檢視那些片段不完整的歷史紀錄。

大辯才天女薩拉斯瓦蒂（Sarasvati）

關於三態女神最早的紀錄，大概就是古恆河女神大辯才天女薩拉斯瓦蒂，記載於將近五千年前的印度吠陀（Vedas）典籍中。女神薩拉斯瓦蒂最古老的形態，是以人身之姿代表大智慧，有點類似西方的蘇菲亞。她是一個全然圓滿的女神，描繪中她持著白蓮花象徵覺醒，有時她也被描繪成手執念珠，象徵靜心冥想的力量。

薩拉斯瓦蒂這個名字的意義是「如花朵般優雅」，因為她是一股天堂清流，綿延跨越天地及極樂世界。吠陀經文中不厭其煩地歌頌著這條聖河，認為那是萬物之源。而她也不斷被讚美，認為是精神支柱，她的豐盛滋潤了疲憊大地，給了人們力量，在春天人們舉行祭典就是為了歌頌讚美她。

然而神話中卻描述薩拉斯瓦蒂最後嫁給了梵天婆羅摩（Brahma），一

位男性的創生之神，另一種說法是這位男神創造了薩拉斯瓦蒂，而她因爲愛慕男神的創造力委身于他。還有另一說，薩拉斯瓦蒂被一個男聖者詛咒，喪失力量並乾涸，她那豐沛而滋養的大河因而不再流動。

數千年以來，薩拉斯瓦蒂被賦予人格，以印度教、佛教中眾多女神的形貌被崇拜、讚頌著，她的化身包括了藏傳佛教中的大樂佛母（Great Bliss Queen）、佛教的度母等。

大樂佛母（The Great Bliss Queen）

大樂佛母——或稱空行母（Primordial Wisdom Queen of the Ocean），被認爲是印度教女神薩拉斯瓦蒂的化身。大樂佛母被一圈智慧火焰圍繞，火圈內還有一系列帶著彩虹光彩的半圓形光帶。在這類似子宮的結構中央有兩個重疊的三角形——一個朝上、一個朝下——形成六芒星形狀，這三角形象徵女神敞開的陰道，也是「通往覺醒之道」，通往無極（靈性）與有情（物質）世界。

在三角形中央，大樂佛母站在一個圓盤上，一腳在前、一腳在後，象徵她可以同時跨足靈性與物質世界。她以一個非常高傲的姿態站著、裸身、全身火紅、帶著笑意，左手握著一把彎刀，象徵月亮的週期，以規律的循環破除無明愚昧。她代表著覺醒的身、言、意，同時也跨越過去、現在、未來三界。

西藏人深信大樂佛母是個全然開悟的佛，卻選擇在八世紀轉世到人間，成爲一個普通的西藏女人，名字叫做伊喜措嘉，這樣是爲了讓人們比較容易接近她。根據佛教傳說，她在一個吉兆中誕生，之後嫁給了藏王。最後，在藏王的祝福下，她成了蓮花生大士——隻身從印度將佛教傳入西藏的僧人的雙修明妃。

在她死後，伊喜措嘉回歸本位成為智慧女神——天女（Sky Dancer）。一位當代的女尼，阿尼母措（Ani Mu Tso）被視為大樂佛母的轉世化身。

度母（Tara）

度母一般也被認為是智慧月公主，或佛陀之母，那是因為她擁有大圓滿智慧，而眾佛都是由她的智慧母胎所生。她的名字有「星星」的意思，象徵誕生世界的苦海，另外還有「度」的意思，象徵化度眾生的救世菩薩。

傳統上，度母共有二十一個化身（21=2+1=3）——包含印度的三態女神薩拉斯瓦蒂——所有都包含在她那綠色的形體中。綠度母（Green Tara）在藏傳佛教眾多神祇中算是最受歡迎的一位，她的姿態通常都是坐在湖中昇起的蓮花座上，被一圈虹彩光暈或氣場圍繞著；她的右腳是伸展著的，表示隨時準備起身幫助受苦的人們，雙手各持一個藍色睡蓮枝，每一枝各有三朵花，象徵過去、現在、未來的開悟覺醒。有的版本描繪一顆金星從她右手掌中浮出，有的則把她畫成七隻眼，其中三個在臉上（包含眉心的第三眼），雙手、雙腳掌中各有一隻眼。在這裡特別要提到的是，度母供養儀式中，要獻上七種裝在碗中的供品，並重複唱頌《二十一度母禮讚》三次，會看見彩虹光從她身上向四方散射。

綠度母居住在康地瓦利森林（Lush Khandivari）裡，據說她救度眾生的力量甚至影響了當地的樹木花草，提升了藥性。根據傳說，度母（或稱多羅菩薩）曾發願將世世轉化為女子身，為的就是要證明女人也可以完全開悟得道。正如八世紀西藏王妃伊喜措嘉被認為是度母轉世，當代也有許多女人被認為是度母的化身。

有些神話傳說中，關於度母的描述與前述大智慧女神、諸佛之母的形象相反，認為她是從男性觀自在菩薩的眼淚——或是心——生出來的。

阿斯塔蒂（Astarte）

早在雅威文明（Yahweh）興起之前，居住在中東的希伯來人崇拜的是三態女神阿斯塔蒂。就像古印度、西藏或其他地方的三態女神，阿斯塔蒂被認為是智慧的化身。她的聖像被描繪成一隻智慧之鴿，散發著七彩光芒，如同她那些東方的女神姐妹們，她也擁有一個重疊的雙三角形符號，形成六角芒星，在希伯來經典中被稱為大衛之星（Star of David）。

在早期的神話中，阿斯塔蒂是處女之身，自身就是完整圓滿的。每逢冬至，這位處女阿斯塔蒂會誕下太陽，隨著季節及農耕的週期變化，太陽會漸漸犧牲最後消逝在地底一段時間，直到下一個冬至才經由這位三態女神的產道重新誕生。

在青銅時代，神話中描述阿斯塔蒂嫁給一位男性創世神耶和華。而西元前三世紀，她又擬人化成為智慧女神蘇菲亞，同時成為耶和華的女信徒。

蘇菲亞（Sophia）

西元前三世紀，生活在中東的人們還保持著跟大自然及自然韻律的密切關係，雖然這層關係正快速地破壞中，隨著科學、生物學定理的發展，世界分裂破碎的速度以幾次方的倍數增加。一種疏離身體的知識開始彌漫擴散在地球上，女性智慧受到壓制，太多思想及主張逼迫蘇菲亞潛入更祕密的地下，心智力量擴張，文字、理性愈來愈具體成型，人類的想像力及直覺便開始淡出。

即便如此，蘇菲亞的能量還是找到一種變相的展現方式，在古希臘時代，她以狄蜜特、普西芬妮（Persephone）、赫卡忒（Hecate）三態女神之姿出現，象徵母親、少女、老嫗。根據神話，狄蜜特——大地之母——生

下普西芬妮，當她成長為一位美麗的年輕女子，大地充滿了美、豐盛而富饒。有一天，普西芬妮正在採花時，不小心摔進地面的大裂縫中；另一種說法是她自願跳入黑暗，登上地底世界皇后的后座；而希臘神話又有不同的說法，認為普西芬妮被綁架帶入地底世界。當智慧老嫗赫卡忒告知狄蜜特關於她女兒被綁架的不幸消息，狄蜜特悲傷不能自已，於是這兩個女人出發去尋找普西芬妮，就在她們找到她之前，普西芬妮已經吞下了六顆石榴種子，因此，每一年當中的六個月，普西芬妮都必須回到地底。

根據這個故事，一年四季的變換成為一種儀式性的生、死、重生週期。普西芬妮回到地下原初大母胎中，吃下了石榴子而重新獲得養分，充滿新生命的豐盛，經過六個月最黑暗的孕育過程，終於在春天又獲重生。狄蜜特這位大母神，因為女兒的失蹤而悲哀不已，直到她終於聽進赫卡忒的勸，前往地底的母胎中才發現女兒重獲新生。赫卡忒代表月亮、老嫗，在這裡扮演智慧的角色，在故事中她帶來了光明，照亮了黑暗。

基督三位一體：三態女神的逆相

在基督教文獻中，我們可以看到關於聖子（God the Son）讓智慧女神或聖母（God the Mother）黯然失色的例子，蘇菲亞在這個時期幾乎完全消失，而基督三位一體說就是蘇菲亞能量顛倒逆相的經典例子。根據經文所述，聖靈（Holy Spirit）是從聖父（God the Father）和聖子所出，而這裡指的聖靈卻是蘇菲亞的隱性展現。事實上，創世或萬物生產的過程完全與此相反。基本上，聖靈是一種存在萬物中無形的能量，它是一種無限的可能性，在其中我們漸漸具體成型，它如同母胎，讓萬物在其中生養休息並孕育成形。因此，如果要讓基督三位一體論能夠更正確地展現事實，應該要由那包含萬物的聖靈作為創造過程的開始。事實上，應該是那原初大母

胎——在這裡裝扮成聖靈——誕生了聖父，最後又誕生了聖子。與一般常見的三位一體逆相完全相反的，則是蘇菲學派中的聖三位一體，提出女性聖三態分別是母親、女兒以及聖靈（Holy Soul）。

在蘇菲學派傳統中認爲蘇菲亞——神的母親——化身爲聖母瑪麗亞，就如同聖父化身爲耶穌基督。另外，猶如基督被認爲是不朽的、神聖的愛，蘇菲亞／瑪麗亞也是不朽的神聖智慧。更進一步認爲當瑪麗亞升天時，這位聖母再一次變回那不朽的女性神性，人格化成爲天堂之后（Queen of Heaven）或光輝聖母（Glorious Mother）。即便隱匿在基督教的傳統中，蘇菲亞還是以抹大拉的馬利亞（Mary Magdalene）、聖母瑪麗亞，以及圍繞在耶穌身邊的女性之姿顯現了她自己，甚至她也以女性耶穌的姿態，存在世界各地崇拜黑色聖母的地區。

基督死後的第一世紀，靈智派（Gnostic）有這樣的經文記載，說蘇菲亞和她的配偶／兒子一起創造了第一個人類。事實上，根據這些古老密典的記載，蘇菲亞——以螺旋盤繞的巨蛇顯現——鼓勵夏娃嘗了智慧之樹的果實，並傳承了女性智慧之果，對靈智派來說，這並不是可恥的事，反而展現一種女英雄捨身救贖的努力，象徵一種擁抱挑戰的意識，願意帶著全然的靈性智慧投身轉世到物質世界。

伊西絲（Isis）

埃及女神伊西絲大概是唯一一個在中亞文明中，毫髮無損流傳下來的三態女神。她出現的時間大約與阿斯塔蒂同時期，處女伊西絲是神聖煉金術瓶的守護者，是原初大母胎的象徵，更是滋生萬物的大地之母。事實上，她被認爲是第一個誕生到這世界上的埃及女神。

帶著自然肥沃的本質，伊西絲常與第一把播種入土的麥穀聯想在一起。

她被描繪成帶著一個黃金頭冠，往上伸出三支壯碩的角——象徵豐盛的自然萬物從源自天堂的根成長茁壯。另外，還有一隻吞了自己尾巴的蛇盤繞著橄欖枝葉，裝飾在伊西絲頭上——比喻她的靈魂欣喜若狂地誕生到這不完美、有限的、螺旋行進的世界。額外一提的是，埃及神祕學認為靈性與物質的兩大分流，每經過七個星系週期循環，就可以重新達到和諧平衡，而所謂七個週期則象徵在埃及境內不同的聖地作七趟朝聖巡禮。

伊西絲的三態性，包含生、死、重生的循環，也表現在她與丈夫歐西里斯（Osiris）、兒子荷魯斯（Horus）的關係中。根據傳說，歐西里斯被封入一個黃金的棺材、投入象徵地底世界的尼羅河，伊西絲走遍各地尋找歐西里斯的屍體，她扯著自己的頭髮、用塵土撲打自己、搥著胸口顯得極盡哀傷，這也向埃及人們展示了表現哀傷的行為。當伊西絲終於找到歐西里斯的屍體，她努力將生命力儲存到歐西里斯體內，直到他們生下兒子荷魯斯，而她則一直保持著處女之身。故事最後歐西里斯成為陰間的統治者，荷魯斯則成為埃及國王。

從伊西絲——或其他三態女神們——的例子，可以看見許多族長制的創世故事中，都扭曲或貶抑了那更古老的女性宇宙觀。舉例來說，有些傳說認為伊西絲從自身中創造了太陽、月亮、大地，但與此相反的說法認為，伊西絲是由男性的太陽受孕，才從自身創造出萬物。從歷史的這一刻起，我們已經將注意力從可以經由單性生殖過程孕育世界的大母神（與太陽、月亮、大地密切相關），轉移到男性的神祇（通常只聯想到太陽）。而邏輯上，男神也會創造女神，以便讓她受孕繁衍。

布里吉德（Brigid）

布里吉德是西歐國家的古三態女神，在愛爾蘭稱為布里吉德、英格蘭

稱爲布列甘堤亞（Brigantia）、蘇格蘭稱爲布里德（Bride），在威爾斯及法國則稱爲布列甘杜（Brigandu）。她的名字——意義是「光明」、「高貴」、「有智慧的女人」、「猛烈的箭矢」——字源與梵文的聖靈有關，可證實她與印度、西藏、中東這些古文明中的三態女神有很深的淵源。另外，她也以「綠斗篷布里吉德」著稱，來自於她與自然、沃土的關聯。

作爲一個司掌豐盛、新生的女神，布里吉德深受人們喜愛，認爲她爲自然界帶來繁盛，提供源源不絕的資源。據說凡是她走過的地方都會留下酢漿草、花朵的痕跡，她有一個醞釀靈感的大鍋——混合著清泉與聖水——被視爲占卜、預言背後的偉大靈感，另外，她也是一個守護神。

在她眾多三態女神形象中，其中有一則說法是布里吉德有兩個姐妹，皆被命名爲布里吉德！另外一個說法是她嫁給了男神布雷斯（Bres），一起生下兒子瑞丹（Ruadan），瑞丹卻不幸被殺害。由於喪子，布里吉德流下了愛爾蘭土地上的第一滴眼淚，事實上，在愛爾蘭的傳統中，她被認爲是爲死者哀慟哭喪習俗的開始。另外，她也是編織的始祖。

根據神話，三態女神布里吉德在第五世紀投胎爲一個愛爾蘭女人，成爲德魯伊（Druid）的女兒。她在日出時出生，在日與夜交替的一瞬，也剛好是她母親正要跨越家中大門門檻的一刻，因此，她被視爲「與太陽同時升起」，而出生的狀況也象徵她是跨越不同世界的門。他的父親立即產生靈視，爲她取了一個偉大女神的名字。

故事的後續是布里吉德預知基督教將傳入愛爾蘭，於是她很早就改信仰，接受聖派翠克（St. Patrick）施洗成爲一個修女，後來還在基爾戴（Kildare）建造了一個大教堂。最後，她被併入基督教，成爲基督的「養母」，有種說法是耶穌在出生的過程中，布里吉德是瑪麗亞的助產士。另外，她也被稱爲「蓋爾人的瑪麗亞」（Mary of the Gaels），從此布里吉德

就從三態女神轉變爲聖布里吉德（St. Brigit）——至今在愛爾蘭仍普遍被崇拜著——另外，在一個稱爲「三神山」（The Mountain of the Three Gods）的地方，有座布里吉德頭像的石頭曾被當作三態女神崇拜著。隨著基督教導入，這個頭像被埋入一個新石器時代墓室，之後它被挖掘出來供在當地的一座教堂中，褒爲聖徒，稱爲「諾克布里基的聖布理奇」（St. Bride of Knockbridge）。

在凱爾特傳統中，國王必須受到大女神的認可才能即位，這個認可的形式是舉辦女神與國王的聖婚儀式，而通常只有善良及公正的國王才會得到女神的許可。據說，三態女神布里吉德認爲根本無法與那些殖民愛爾蘭的君主結婚，更不認可他們成爲她的國王。漸漸地，她從公眾生活隱退，唯有透過豐富的神諭傳統，並以一種艱澀難懂的祕符、故事、儀式的形式，才將關於她生活的記憶傳給了後代子孫。

例如，聖布里吉德有屬於她特有的十字符號，以稻草或燈心草編成。這些十字要在聖布里吉德節，也就是春天來臨的第一天、二月一日前夕做好，家家戶戶會將十字掛在大門上，表示尊敬布里吉德並祈求她的保護。十字上有個太陽的符號，在世界各地許多文化中都有類似的符號。有的地方並不是作成十字，而是一個三條腿的人像，爲的是呼應神聖女神的三態一體。另一個稀有的設計是做成凱爾特環狀十字。讓十字符號顯得格外美麗的是，人們會用三股稻草編成的粗繩來製作，將「三」及「四」這兩個數字完美地結合在一起，讓布里吉德女神的信徒們相信這樣的十字符號擁有四方與地下、人間、天上三界的力量。

童話故事中的三態女神

　　童話故事基本上在不同程度的轉化與整合中，都涉及了生、死、重生的過程，因此，它們都傳承了陰性的本質。我們可以說每個童話故事中的主角——就像塔羅牌中的「吊人」（The Hanged One）——在三態大女神的產道上進退兩難，問題就在於她或他是否能夠設法完全地誕生到這世上，然後「從此過著幸福的日子」。

　　分析童話最基本的層次，就是觀察穿越童話大地的旅程之初，主角是怎麼來到這世界。通常我們會看到一個孤兒或生下來就失去母親的孩子，這命中注定的狀況象徵了個體被物質生活翻攪撥弄，以至於切斷了與神聖大母神的連結，連對於最原初的家的記憶都被抹滅。過不了多久，我們就會忘了自己到底是誰、從哪裡來。就像《綠野仙蹤》（The Wizard of Oz）裡的桃樂斯，我們害怕得雙膝打顫、喃喃自語說：「這裡不像家那麼好。」但實際上，對家的印象又那麼模糊，也不知道要怎麼回家。

　　另外，數字「三」，總是會在童話故事中重複出現，這個密碼看起來有點像惡作劇，但事實上卻指出三態女神活生生地存在著，只是那些缺乏洞察力的人無法察覺。通常在童話故事中，我們會看到三個咒語、三個詛咒、三個啓蒙、三個願望、三姐妹、三兄弟、三個挑戰。當然我們最熟悉的還包括三隻小豬、三隻小熊、三個杯子、三個碗、三張椅子、三張床！而很典型地，通常在第三天或完成第三個願望、嘗試了三次、開了第三個門、敲了三下之後，總會有某件奇蹟的事發生。三態女神——藏在故事背後——將美好的、迷人的事情帶到童話世界中，就像在真實生活中她所做的一樣。

塔羅中的三態女神

基本上，塔羅——就如同童話故事——在轉化、重整的每個層次上，完全經歷生、死、重生的過程，塔羅的故事，就像童話故事一樣，整個被祕密和各種迷思籠罩。認真鑽研童話故事及研究塔羅的學生，通常可以把古文化的資料探索得很深刻，將祕密和神祕學的片段拼湊起來。童話或塔羅都歷經不同的釋義留傳至今，在我們的現代社會中存活著，兩者都像意識的虹橋，一邊穩穩扎根於過去，同時又往高處延伸，就像一棵大樹，不斷地賦予枝葉新的知識、洞見和創意。

基於此，「三態女神神諭卡」就像一個縮影，不但反射了大三態女神的能量本質，同時也是這個變動世界中一股新興的女性意識。在二十一張大阿卡納牌中，前七張主要是關於身體層次的生存問題，接下來七張牌是關於心靈生命，最後七張則是屬於靈性層面。因此可看到在傳統塔羅牌中，大阿卡納牌前七張中出現的第三張牌，是三號「女皇」（The Empress），代表的是身體的存在。而第二個七張一組的第三張牌是十二號牌（12=1+2=3）「吊人」——頭上腳下的倒吊著，宛如在大母神的產道中——是展現心靈很好的象徵。最後，在大阿卡納牌最後一組出現的第三張牌，第二十一張（21=2+1=3）「世界」（The World），象徵著靈性完全融入這世界。藉由心靈或是說「吊人」這個媒介，原初大母胎才能完全誕生到這物質世界中，完成她在大地上的使命，因此，二十一號牌也是開悟圓滿的終極展現。

2

神祕聖地、
朝聖之旅、煉金術與啓蒙

只要人的眼睛可以看見那些綠色小丘、城牆，

荒廢城堡或古墓的遺跡，那一度敗北退隱的神性，

就會藉由城池的傳說再度興起，在永恆的陽光下把酒言歡。

——湯瑪士・威廉（T.W.Rolleston）

女神的身體

土地是活的。古代人就懂得這個道理，對他們來說，那是大地之母，
而他們都是她的孩子，人或土地都是順從自然的律法、節奏，由同樣的原
始物質構成，形態也是一樣的。有句話說生存要「順勢而爲」（lay of the
land），我們那些史前文明的祖先沒有太多誘惑，可以與大地緊密、有機地
共存著，完全融入環境當中。他們非常親近、熟悉大地母親身體的每個細
節——渦流出現的地方、地理磁場所延伸出的線、自然湧泉、地下水池——
他們到這些特別的場所與大地母親溝通。

因此，一些出現這類景觀、具有力量的場所，就成爲膜拜、祭祀、儀式與朝聖的聖地，這些地方會建造一些記號，例如小土丘、土堤、溝渠、地下密室、牌坊、岩圈、岩十字，或是走道。經過幾世紀，許多聖地都與一些神祕流派、信仰傳統產生交錯重疊的連結。

神祕聖地

生與死的奧祕，以及萬物的緣起，都發生在萬物的基礎裡；所謂萬物基礎包含許多古代的神祕聖地，因此，如果你深入鑽研探勘任何神祕聖地直至核心，就會與原始大母胎、三態女神及無數的化身形象面對面。這是在古代中東或西方興起的聖地朝聖中最常遇到的經驗，而在世界另一端的東方、亞洲密教也有相同經驗。他們降入地底世界的母胎中，進行精神靈性的轉化或其他許多不同的過程，最後終於重生。帶著靈性的洞察與對同類們的慈悲心展開新生活，藉著非常高層次的奧義智慧、神聖的儀式、女神啓蒙的聖禮等協助指引，他們才得以完成整個過程。

神祕聖地的興起，不可避免地都與地球——女神身體上一些特別的場所有緊密關係，正如同我們的身體由能量的通道、經脈所組成，大地的身體也是如此，我們就是反映女神的小宇宙。來到大地身體上任何一個通道——必須帶著一種開放、崇敬並充滿靈性的態度——基本上就像來到女神胸前哺乳。換種方式形容，那就像在大地母親身上針灸，刺激大地穴道，古人就像那些針灸的針，讓一些存有女神模糊記憶及事件的神聖場所之能量開始活化起來。以親身體驗的方式，讓女神更容易了解、更清晰，這並不是爲了他們自己，而是爲了地球上所有生命。相對的，也可以說大地爲他們「針灸」，同時藉由刺激他們身體的脈輪及能量穴道，喚醒了內在的

女神。

　　神祕聖地的地理位置上常有許多層，從歷史上會發現每個場所都至少有三、四種神祕學派與這裡產生關聯。最古老的一層通常都是當地土著、女神崇拜的族群，接下來的則通常是德魯伊、凱爾特、卡巴拉、譚崔密教，或其他魔法、煉金術傳統覆蓋其上。在大多數的例子中，最上層的神祕聖地通常都披著基督教的形貌，包括天主教及新教，這些層次在下文中將會舉例詳述。

塔拉山（Hill of Tara）

　　塔拉山位於愛爾蘭的米斯郡（County Meath），是一個史前聖地，然而附屬於它的相關文化及深層意義都隱藏在祕密中。有個十世紀的神祕學文件記載了有關塔拉山的故事，內容是由一個神祕人物來講述──此人代表愛爾蘭之魂──盤旋在這塊土地之上。他在這個占有優勢、代表特權的高處，敘述著塔拉山曾經歷四支神祕流派的洗禮。第一支是一群人數稀少、心地善良的族群，稱為菲爾伯格人（Fir Bolg），他們一直從塔拉山上守護著整個愛爾蘭，直到西元前 1900 年到 400 年之間才被德魯伊族擊退。這一支德魯伊族又稱為「托哈德達南」（Tuatha de Danaan），是「多瑙河之子」的意思（Children of the Danube River），兩族大戰三天三夜之後，據說矮小的菲爾伯格人被迫潛入愛爾蘭的地下，至今仍存在著。接下來的凱爾特人擊退了托哈德達南人，最後基督教在西元第五世紀接管了凱爾特人，在山上建造了一座天主教堂，並樹立了一座聖派翠克的雕像。

　　有些歷史學家相信，菲爾伯格人是愛爾蘭最原始的女神崇拜的族群。至少有兩種學派解釋他們最後的命運，第一種說法認為他們變成傳奇，而另一種則較實際。依照第一種學派的說法，認為菲爾伯格人不再以人的形

貌存在，而是變成愛爾蘭神話故事中的精靈，這是爲了要保護愛爾蘭之魂藏起的靈性寶藏——愛爾蘭的三態女神——在入侵者的統治之下必須潛藏地下。第二種說法確信菲爾伯格人仍然維持人類型貌，他們只是逃走，並躲到愛爾蘭西南方的地層下方，後代子孫至今仍存在著；這兩種說法似乎都有其眞實性。

無論如何，接下來的德魯伊人和凱爾特人都擔任了銜接愛爾蘭原始土著與較接近當代的天主教文明的橋梁，跨足兩個世界。這兩個族群也爲塔拉山再添一筆神祕，曾有一種說法指出德魯伊人和凱爾特人都與吠陀、猶太的祕教流派有密切關係，例如凱爾文「希德」（Sidhe）的意思是「神仙境界」，與印度瑜伽修練的詞彙「希第」（Siddhi）——意思是「玄祕力量」——有關。另外，布里吉德——在塔拉山設祭儀備受崇拜的三態女神——名字的字根起源於吠陀梵文的「布里哈提」（Brihati）這個字，意思是對神靈的稱號。

至於跟猶太教的關聯，在十九世紀有一群少數的以色列虔誠信徒堅信聖經約櫃（Ark of the Covenant）就埋在塔拉山。在西元 1800 年代末期，他們甚至安排了一場考古探勘，挖掘出約兩百個新石器時代人類遺骸及許多寶藏，但就是沒發現約櫃。之後，一位猶太學者向愛爾蘭政府申請塔拉山考古挖掘許可，爲的是要尋找一位猶太／凱爾特公主的遺骸，他堅信就是埋葬於此，雖然許可並未獲准，但沒有就此終止民間的傳說，認爲古猶太人與這座山有密切關係。

其實，會造成這類臆測推論的原因，是因爲地理景觀本身就充滿神奇性。塔拉山看起來眞的就是個通往地底世界的入口，大門位置就在山頂——從這裡向四周望去，可以清楚眺望愛爾蘭的主要地標——主墓丘內有個史前時代的大石，上面有女神聖跡般的螺旋刻紋。這個大石的歷史可追溯到

西元前 3500 年，甚至比埃及金字塔的年代還要早，在春分、秋分、夏至時節，太陽光就會照亮大石。

但這還不是全部，塔拉山的許多樹木都有環狀光暈、螺旋渦形的光痕，在她和緩的山坡上，還有許多地方可以看見或感受到彩虹光彩的能量。每個螺旋渦形產生處都是通往地下神靈世界的入口，證明三態智慧女神確實居住在塔拉山。塔拉山充滿靈性的自然景觀是這麼具體又遍布四方，啟發了凱爾特吟遊詩人寫下這樣的詩句：

今日這個關鍵時刻，在塔拉山上

我注入了天堂所有的力量

注入太陽所有的光芒

雪的純白

火的所有能量

閃電的暴怒

疾風的敏捷

海洋的深度

岩壁的險峻

土地的樸實無華

我注入所有這一切

以神無所不能的恩典與幫助

介於我自己與黑暗力量之間

我產下黎明之子

雲之子

星辰之子

自然力量之子

天堂之子

月亮之子

太陽之子

最後，另一個神祕流派最近也在塔拉山展現影響力，那就是藏傳佛教的相關族群，最近在塔拉山上舉行了「二十一度母禮讚」儀式——那是一個禮讚佛教度母二十一個化身的儀式——而西藏的經幡在某個類似入口處的兩棵樹之間拉起，那個地方被認為是山丘的頂輪區域。

沙特爾主教座堂（Chartres Cathedral）

富麗堂皇的法國沙特爾主教座堂，是另一個受到許多神祕流派崇拜的古老聖地。在這裡我們可以看見不同的流派交織在一起，包括女神崇拜的土著，接著有德魯伊／凱爾特出現，然後猶太祕教卡巴拉及基督教在這裡交會，且都與聖杯（Holy Grail）傳說有關。

然而，這些神祕聖所如塔拉山或沙特爾主教座堂，與聖杯及聖經約櫃這些不朽的傳說產生關聯，並不是個偶然。有些推測認為聖杯是耶穌最後晚餐用的杯子；也有些認為那是在他受刑之後用來盛血的杯子；更有人認為那是抹大拉的瑪麗亞用來盛香水為基督洗腳的杯子。最後，有一群人確信聖杯和約櫃其實基本上都是同一物，用來比喻煉金術的容器、內在的大鍋爐、三態女神的原初大母胎。如果從這個觀點來解讀找尋「基督聖杯」的傳說，其實就是在找尋我們每個人內在的女性聖靈。

沙爾特教堂建於十二至十三世紀間，供奉聖母瑪麗亞，當初建造的目的，就是特別為了將三態女神的滋養及療癒能量磁場導入世界。事實上，

它的結構就是設計成爲三態女神的身體，是一個石造的卡巴拉生命之樹。展現三位一體的採光窗，設計成神聖幾何圖形嵌入建築中，而最特別的是，可以看到許多不斷重覆、鏡像對稱、呈正反三角形的圖形，延伸連結至三根垂直的柱子，各別象徵著宇宙最原始的法則：相吸、相斥、超越。左右兩邊的柱子分別代表相吸、相斥兩極，而中央的柱子則展現超越的可能性，這些結構展現了原初大母胎在創造螺旋能量時，產生的兩極化作用，而中堂靠近主入口的地板上，刻劃了一個大型的迷宮螺紋圖案，就是原初大母胎的象徵。最後，在接近底端的地方裝設了一個描繪著聖母瑪麗亞／黑色聖母的彩繪玻璃窗，彩虹般的光束穿過她的身型投射到教堂內部。

在大聖堂中央的下方，有一個匯集了地球物理學上能量的中心點，此處有個巨石墓穴，立著兩塊石頭，撐起一個巨大平坦的岩塊，這被認定爲是接近石器時代所設的大石桌。在此密室中還有一個聖井，稱爲「強者之井」（the well of the Strong），井內可看到三態女神從大地散發的能量線。另外，在地窖中有座稱爲「地窖聖母」（Virgin of the Crypt）的雕像，也稱爲「沙爾特聖母」（Our Lady of Chartres）。

直到十八世紀前，來到沙爾特朝聖的人都會舉行一項儀式，他們會來到地下石桌之處，在這裡以井裡的聖水接受祝福。第三世紀時，基督徒稱這個地下聖所爲「德魯伊石穴」（Druids' Grotto），承認過去確實在這裡舉行過神祕的德魯伊儀式。此外，地窖聖母造就了無數奇蹟般的療癒事蹟，這些都記錄在教堂的編年史中。事實上，整座大聖堂能量的心臟，根源就出自這個地窖，這裡是聖母的母胎，也是她那療癒、螺旋能量的出口。每年一次，地窖聖母會從地穴中被抬出，暴露在春天的日光下，歡慶女神的重生及她所展現的一切力量。

達蘭沙拉（Dharamsala）

　　神祕聖地通常都與歐洲或中東的朝聖地有關聯，然而，在這裡最後一個要介紹的例子，將會開展我們對於構成神祕聖地條件的認識，將注意力轉向東方，同時也要將聖地的定義擴大成一整個村子──印度的達蘭沙拉，流放的藏傳佛教之家。從地理景觀來觀察，達蘭沙拉可以看出經歷過許多不同神祕學流派、三態女神崇拜的痕跡，包括：（1）原始的女神崇拜文明、（2）吠陀印度教、（3）印度教、（4）早期佛教、（5）譚崔印度教，以及最後的（6）藏傳佛教。

　　根據考古學證據顯示，在西元前 1700 年好戰的入侵者雅利安人（Aryan）從北方進入印度之前，印度至少已經有八千年的文明歷史。印度的原住民德拉威人（Dravidian），一直都崇拜著三態女神無數形態的化身；一部稱爲《梨俱吠陀》（Rig Veda）的宗教經典，大約在雅利安人佔領後七百年寫成，裡面就提到各種德拉威人的三態女神被雅利安神征服的故事。經典中提到，有三億三千三百萬男女神，從一個創世的主宰男神、或神的頭中迸發出來（之後，這個數字減爲三千，更晚一些，三千這個數字又分門別類，減少成爲另一個顯現三位一體的數字，三十三）。其中有三位男神──濕婆（Shiva）、毗濕奴（Vishnu）、梵天（Brahma）──他們位於眾神階級的最高層，每位都各有妻子或伴侶。濕婆的配偶是沙克提（Shakti），毗濕奴的是吉祥天女拉克什米（Lakshmi），而梵天的配偶則是辯才天女薩拉斯瓦蒂。這三位配偶──原本各自都是充滿力量的三態女神──卻被貶抑成附屬配偶、次級神祇，她們原本的尊貴與實相被這時期家族長老式的神化體系給蒙蔽模糊了。那長久以來人們所熟悉的、可以親近擁抱的經驗，都漸漸包覆在扭曲的神話裡。

再過了三百年，大約在西元前七百年左右，吠陀印度教幾乎已經變身為延續至今的印度教。然而，一種非暴力、慈悲的態度逐漸盛行——原本壓制在底層的德拉威人信念浮出台面——在印度人心中，三態女神逐漸取回她原有的力量。在這樣的宗教氛圍中，佛教漸漸形成，於兩百年後的西元前第五世紀成立，也許是為了一反印度教那讓人頭昏眼花的龐大神祇組織，早期的佛教降低了神在一個人開悟過程中扮演的重要性，反而強調個人的努力。到了第八到十二世紀之間，充滿譚崔密教及薩滿形式的印度教和佛教在印度開始普及，在各種層次的靈性修練及修行上，兩者都對女神採取全然的信奉，例如，在那時期的一部印度譚崔教義中形容女神度母為：「廣大的虛空，也是誕生萬物的星星。」、「她創造、養育、同時也毀滅這世界。」這兩段敘述——譚崔密教特別強調這兩段——很快地就將三大男性神祇的地位從印度教宇宙觀中拉下來。男神中的濕婆神——「吉祥舞王」（Lord of the Dance of Bliss）是創造、毀滅、維持這世界的神——很明顯地就是顛倒陰陽，篡奪了原初大母胎那推動生、死、衰退、流動的能量形式。

　　在十二世紀末，佛教譚崔密修在印度大規模消失，然而卻在西藏找到了歸宿，存留並發揚光大，直到1950年代西藏被中國佔領。當西藏難民——在他們所敬愛的女神度母保護下穿越險峻的喜馬拉雅山——來到達蘭沙拉，建立了他們的避難社區，那女神崇拜、具有薩滿形式的佛教，才又再次引介進入了北印度，回到佛教最初的根源地。在那裡，晨昏都會響起洪亮的西藏號角聲，女人們穿著鮮豔的服裝、頭頂著籃子走著，酥油燈閃爍，線香青煙裊繞，寺廟的茅草屋頂上五彩經幡隨風飄揚著，還有僧人不停歇地唱誦——連身體都浸透在《二十一度母禮讚》的振波中，在深深的奉獻中無止盡地喃喃念誦著。

近年，有一個崇拜三態女神的流派發展了一種由「二十一度母禮讚」儀式所啓發的狂喜舞蹈，稱爲新「度母之舞」，自西方發展起來，於 1998 年首度來到達蘭沙拉，由三十三位來自十一個不同國家的度母信徒組成，在達賴喇嘛及五千多名西藏觀眾面前表演。

朝聖之旅

> 你無法從外在任何事物中尋得合一，
>
> 唯有先與自我合一，其他才有可能。

——杜恩（Dorn）

神聖的聖地——如愛爾蘭塔拉山、法國沙爾特大教堂、印度達蘭沙拉——引發我們去深刻思考生命最基本的問題：我們該如何療癒我們的靈魂？如何療癒社會？又如何才能療癒整個地球？基本上，這三個問題的答案都是一樣的，我們要療癒靈魂、社會與摯愛的地球，首先必須找到一個地方、一個內心超然虛空的所在，在那裡掌握全世界顯露的徵候、所有的紛爭、日常的議題，那地方可以全盤包容，不會產生任何無法化解的矛盾對立。

沙爾特教堂那受三態女神啓發的神祕迷宮圖案，以及佛教的核心教義都教導我們要努力一起擁抱那三個「創生之柱」（pillars of creation）：相吸之柱、相斥之柱，以及中央那個試著從矛盾、極端之間尋求中庸之道的中柱。這中庸之道，在本質上是屬於陰性的，而靈魂、社會與整個地球——基本上也都是陰性本質，只是我們幾乎都失去這個洞見，而必須付出嚴重

代價：失去支持我們生命非常重要的靈性資源。如果我們繼續這樣拒絕全然擁抱那原初大母胎，全然接受那陰性的、以大地為根基、身體為根本的神性信念，我們將會錯失這療癒靈魂、社會與整個地球的最後機會。所以，繞了一圈我們又回到本書序中所問的問題：「如果是女神的話，現在會怎麼做？」

古代的靈修者不斷修練啟蒙開悟之道，以導引他們通往靈性世界。廣泛來說，伴隨著失去與三態女神的連結，我們也同時遺忘了啟蒙心靈的儀式，幸好現在我們已走上復興的過程。我們必須努力研究那些奧祕教導，學習在歷史紀錄的字裡行間謹慎地解讀各種訊息、精準深究核心意義，以理解神或是我們自己的真正本質。我們需要去探訪地球上一些具有神聖力量的地方，讓我們開啟一個門，進入女神的身體、心、子宮。「地球」（earth）這個字的英文與「心」（heart）擁有相同的字母，因此，地球可說是三態女神的心輪，所有能量螺旋盤捲著地球，而我們身體的所有脈輪也包含在這大漩渦之中。我們都活在女神的「母胎之心」、「心之母胎」當中。我們知道一個人腦死並不會結束生命，但心死就真的回天乏術，也就是說，心可以不需要腦而繼續作用，但腦要運作卻不能沒有心。因此，基本上，個人的生命也反映了地球的能量，是以心／母胎為核心。

帶著謙卑與開放的朝聖之心前往一些古代神聖之地，是聆聽三態女神要告訴我們什麼訊息最好的方式。藉由探訪這些聖地，讓女神在我們的內在甦醒復活，經歷了這麼長的中斷脫節，我們再度邀請女神回到這世界。這種聆聽地球、大地的方式，與傳統塔羅十二號牌「吊人」的意義有密切的關聯，我們必須完全臣服放下，對所有事物緣由尋求更深刻的理解。葉子會落下、季節會變換，而我們也必須學會放空，採取一個顛倒的姿勢，我們將自己頭腳顛倒的吊起，所有東西都從口袋裡掉出。最後，必須完全

放空自己，以便讓出空間給新的生命，所有神祕學的流派都知道這道理並教導著這個智慧。

如果要重新回歸大地母神週期性輪迴的模式，我們可以藉由一些臣服、放下、重生的儀式──例如尋著塔拉山上能量渦旋所形成的螺旋輪廓健行，或在沙爾特大教堂中迷宮般的大螺旋圖騰上繞行，甚至參加旋轉的度母禮讚舞蹈──我們內在老舊的將死去，新生命將誕生。於是我們重獲自由，可以與自己的心／母胎核心重新連結，同時整個地球和宇宙也隨我們產生變化。

刻劃在沙爾特教堂地板上的神祕迷宮圖騰，雖然是出於基督教徒的設計，但顯然受到前基督時期、女神崇拜信仰的影響。走在這個像母胎般的迷宮上可以伴隨著三重感受：釋放、接受和合一。當從迷宮外圈走向中心時，雙手手掌朝下，專注在完全釋放的感受上；然後，從中心開始要朝外圈走的時候，手掌朝上專注在接受力量及指引的感受上；當走出迷宮，雙手可以合掌呈祈禱姿勢，帶著感恩全然合一。

「二十一度母禮讚之舞」──曾在達蘭沙拉及世界不同的地方演出──讓度母的信徒們可以藉此具體呈現三態女神面貌，並以一種清晰、立即的方式體驗臣服於女神而獲得重生的過程。當一個人準備要進入度母之舞前，必須讓自己完全浸在一種稱為「安於自性」（rest in the nature of Mind）的西藏傳統修行中，也就是安住在原初大母胎內。唯有當一個人能體會深刻的幸福及安全感，經歷這種圓滿自足的狀態，才有可能放下堅固的防衛、老舊的模式、一貫的作為，讓那光輝燦爛的全新自我浮現。自願的舞者還必須參加一種固定舉行的靈視修練，那是在傳統的度母顯靈儀式中會舉辦的，參與者想像呼吸時吸入度母具有的各種能量及各種顯化的形象，進入修練者的心，看著她完全地融入身體。過程中女人們受到靈啟，

並獲知她們深愛的星辰女神在世界不同文化中顯現而感到興奮。在中東，她被稱為阿塔（Athtar）、阿塔撒馬因（Attar-Samayin）、阿斯塔蒂與伊絲塔；在芬蘭她被稱為塔爾（Tar）；在南美洲叢林，她稱作塔拉虎馬拉（Tarahumara）。這個字的字源提拉（Terra）也可以在拉丁文中發現，意思是大地之母；類似的名字還包括凱爾特公主蒂亞（Tea）。

當度母之舞開始表演，每位女舞者都要想像自己化身為二十一度母的其中一位，並試著去呈現、連結這位女神的能量本質。當她們穿上七彩色調的絲質沙麗服，唱起《二十一度母禮讚》，節奏優雅並充滿狂喜地沉浸在旋轉的舞蹈中，表現三態女神那死亡與重生的輪迴。在舞蹈的過程中，度母的二十一位化身會賜與無盡的祝福給那些演繹她們的舞者，同時也給觀眾及全世界。理想中，度母的顯現會讓在場者感到強烈的激動情緒，讓每個人臣服在她那包容萬有的心／母胎之中，並賜予一個嶄新的、覺醒的生命。就算我們從三態女神那兒學不到什麼，經歷這最原始的重生過程就已足夠。

啓蒙之路與三態女神神諭卡

在我們生活著的這個時代，超感知覺讓祕密不再僅限於少數人才能擁有，在這時代，祕密必須屬於所有人……

—— 魯道夫・斯坦納（Rudolph Steiner）

在過去這個世紀以來，求道學生及靈修學徒的啓蒙過程已經大大改變。新意識及覺知的發展產生了一個很大的變化，也就是「祕密」的重要性——

包括靈性領域及高階教育的奧義祕密——現在已經顯得過時且難以維持。

在二十一世紀，心靈、靈性知識的求道者或修行的學生，可以取得非常廣泛的資料及素材，然而通往高階意識的道路上，仍需要具有洞察力、專注力、智力、觀察力，以及對這世界敏銳的觀點；另外，還需要喚醒靈性力量，才能開發個人的直覺力及支配力。以上這些條件若能具體展現，就會建構出一條平衡又持續不間斷的道路——既能熱切地揭開高階新知的祕密，同時又能兼顧塵世間日常瑣事及責任。

當今女性神性意識重新萌芽，對於那些想要與這新意識和諧共處並繼續求道的人來說，現在——或是未來——都不能缺少以下三個啟蒙步驟及知識。

想像認知力

內在工作的第一階段——想像認知力——讓人可以集合來自自然界、太陽系和整個宇宙的動能，將它們運用在創造發展個人的天賦上。這個過程需要練習靜心、冥想，以助於看見修習者身、心、靈的內在實相。它能夠讓進階修習者發現保持明晰的方法、培養直覺，以及辨識真正的洞見與幻象、虛妄之差別，經過一段時間後，這清晰的洞見將可以創造一個新的靈魂體。

直覺感召力

第二個階段就是要從個人的精力、直覺與創造性活動中，接收靈感啟發。當內在達到圓滿，心靈／靈魂就會開始啟動煉金術的轉化過程，受到啟蒙的個體會開始解開業力、命運及個人掌控力的祕密，為第三階段的覺醒實現做好準備。

靈性覺知力

在第三階段——靈性覺知力——個人已經可以從一個靈性的視野去觀看生命，並且將心靈力量與靈性融合，讓意識體覺醒。從這個階段來觀看生命已經有完全不同見解，愛是所有問題的答案，而諒解包容更顯得容易，彷彿這求道者本身已經成為生命的旁觀者，但同時又參與其中。這階段的啟蒙過程是不斷流動前進的，生命成為一場神聖的巡禮，浸透著專注、幽默、聰慧、慈悲、奉獻，以及對萬事萬物的善意。從這個最高點，求道者已經準備好以開放的身、心、靈來服務整個世界，他已經很自然地與女性神性合一。

在這條道路上，將會面對全新的經驗、事件、自我覺知，以及內在、外在世界的統合。練習朝向一個新的覺知階段邁進，必須學習認知並辨識靈魂業力中真正需要療癒的部分。然而這個內在生命秩序的大整頓，並不應該讓求道者疏離了日常生活中應盡的義務及責任，將靈性學習融入命運的道路，對於圓滿昇華的徹悟是非常重要的。

從靈性求道的最高階段，繼續進階到昇華之路所必須具備的是：一個人內在與外在、意識與無意識的共同創造力量，風、火、水、土等自然界四元素的融合，心智、靈性、情緒、身體的統合，以及身、心、靈合一。如果能夠將這些力量全部集合在一起，將會打造一個非常穩固的基礎，可以不斷給予啟發並支持所有在這世界上的行動。就如同魯道夫·斯坦納所說的：「求道者必須在努力發展自己之外，同時也全面地為他周遭的世界貢獻己力，唯有如此真正的知識才會向他展現。」

塔羅牌與神祕流派有淵源，它以圖像的方式記錄了古代的轉化祭儀，特別呈現在塔羅象徵三位一體的牌中：皇后（三號牌）、吊人（十二號牌）、

世界（二十一號牌）。皇后牌代表的是這個物質世界、原子建構的本質，以及人類精神的女性面。她可以聯想到許多女神，並跟生育、滋養、豐盛有關。當她以伊西絲展現，化身爲神聖容器或聖杯，所有的生命都從其中湧現，包括太陽、月亮及大地。當她成爲愛芙羅黛蒂（Aphrodite），掌管愛及自我實現，她代表的是出生、重生及不斷的輪迴。古代舉辦轉化的祭禮都在春天，爲的就是要在自然力量甦醒的最高峰時，慶祝皇后的豐饒多產。其中如五朔節（Maypole）繞花柱之舞就是一個歡慶的例子，參與者都成爲那螺旋迴轉的生命之力，完全展現女神的本質。

「吊人」這張牌則是表現女神紆尊降貴、臣服放下的精神。就像觀音——佛教中的慈悲之母——她指引並保護人們經歷各種未知，並讓人捨棄自大自尊。在基督教靈智派中，她化身聖靈，可以平衡所有人的心和頭腦。在啓蒙的階段，人們必須拋下對物質世界的依賴，包括對各種情緒與心智碎片的依附；當舊的褪去，才有空間讓即將萌芽的新潛能發展，而掀開物質幻象的面紗，才能看到內在世界無意識一直在滋養著日常生活中的各種反應及衝動。在這修練之道的中途，讓所有行動與意圖都努力接受「放下」的概念是很正確的，也是一個覺醒的啓蒙者邁向昇華之道必須要面對的。

最後，在三態女神生、死、重生輪迴的第三階段，是透過「世界」這張牌的塔羅意象來表現。這張牌歡慶身、心、靈重新結合，因爲皇后已經與她最終目的融合爲一，她在自己創造出來的世界中心跳著舞，那是她自由創造並讓自己的價值具體呈現的實體世界。她一方面展現神聖的愛與靈感，另一方面又伴隨著優雅的操控力量、權威的狂喜。在這最終的熟成階段，每個女神都神采飛揚，全然展現她們神聖的本我。在整個轉化的循環中，每個人都被催促著去追求並確認生命眞正目的及命定的結果，而藉由

繞行聖地的螺旋迷陣、瑜伽、靜心及種種自我肯定的修練技巧，都會放大啓蒙的力量。當個人的力量扎根、獨立人格確立，也會幫助我們找到貢獻天賦給這世界的方法。

在許多不同的塔羅體系中，都可以透過皇后、吊人、世界三張牌反映充滿力量的啓蒙過程。歷史上，塔羅牌與許多神祕玄學傳統都有關聯，包括畢達哥拉斯數字學（Pythagorean numerology）、卡巴拉神祕學（Kabbalistic mysticism）、希臘哲學、埃及神祕學、東方密教、玫瑰十字會符號學（Rosicrucian symbolism）、煉金術、奧義教導等，而在西歐，它們也與王室和宮廷有關聯。事實上，塔羅（tarot）這個字可以看成兩個古埃及文——「tar」意思是「道路」（road）、「ro」意思是「王者的」（royal），從這觀點看來，塔羅其實就是「成就智慧的王者之道」。

塔羅牌為求道者提供了一個有力的輔助，可以幫助發展想像認知能力，一直以來被認為是進入神祕學世界、啓動內在「圖像認知」、「圖象意識」的一個非常有價值的方法。它可作為一個觸媒反映，或鏡像呈現一個人的想像及洞見，每張塔羅牌圖像都陳列出許多不同的符號，代表了不同的原理、法則或力量，以及自然界各種元素。更進階來說，每張牌都在一個序列中與前後相互關聯，各自的教導意義都與前後有影響。它所傳達的法則及啓蒙是無價的，因為每個塔羅圖像既與高等數學的現象有關，也可以呈現時間、空間與宇宙知識的進展。

三態女神神諭卡提供了一個非常獨特的觀點，結合神祕學的教導與女神意象，帶我們進入內心，想像如果我們是女神，那麼怎樣才是經營每日生活、生命最好的方法。透過這個轉化的工具，我們可以得到來自女神的各種指引，女神以不同的樣貌反映原型智慧來啓蒙人類的心、靈。三態女神神諭卡中的煉金術牌，特別希望靈修者可以將這些牌的意義與現實日常

生活串聯在一起，因爲它們都是特別設計用來擴展個人內在意識，打開高我與個人行爲動力管道的工具。

　　透過三態女神神諭卡的圖案填滿頭腦、心與靈魂，可以增強想像認知力，因爲每張牌的圖像及符號所產生的意義，都是來自於內在無意識，以一種明確的陳述顯現出來。這些圖像既開拓了一個無限擴展寬廣的視野，同時也完整保留古代塔羅的傳統形式；灌注在三態女神神諭卡中的教導，都充分尊重並展現了塔羅的神祕學、歷史與傳說內涵，即使高階的塔羅行者也會在每張圖像中得到像初學者般的驚喜。

　　靈啓是想像力的小孩，那內在覺醒並陶醉的心智擁有了靈啓的才能，然後才產生個人的支配力。而這精通支配的智慧將引導求道者走上成就智慧的王者之道，在其中，所有生命課題都會激勵靈性的發展；三態女神神諭卡則幫助個人在成長轉化的道路上可以清晰具體地確認方向，它作爲一個踏腳石，讓求道者可以在日常生活中獲得神祕學上的覺醒開悟。

　　三態女神神諭卡以充滿靈性的方式，帶個人融入各種色彩、形狀、動作，以及看似複雜其實簡單的各種生命靈性層次的探索。每張圖畫的意象都是爲了刺激靈魂的味蕾，去品嘗歷史中每個時期呈現於藝術、音樂、文學、建築形式中的風味。三態女神神諭卡所具備的建築結構及文學風格形式既現代又原始，因此，這副牌才得以透過一個不斷進展的女神圖像藝術，來啓發個人的想像力及靈性上的成長。

3

女性的神聖性
在新世紀的具體呈現

　　我們生活在一個失去神聖、合一核心的世界，失去與我們的母親、大母胎結合的親密關係，因此，在現在這個時代也很少有導師或是模範角色可以告訴我們，如何具體呈現女性的神聖性。事實上，女神的概念已塵封太久，以至於我們很難想像要如何具體呈現，以便讓我們與自己、與這片土地都活在一個和諧的狀態中。我們渴望她，卻不知道到底真正具體渴望的是什麼，也不知要如何滿足這個飢渴。同時，當大母神的法則從生活中消失，我們人類集體也忘了該如何餵養靈魂。過去十多年來，可以看見一些關於靈魂飢渴、尋求內在深刻寧靜及意義的書籍不斷增加，很明顯地，重新尋回那守護祖先、蘊藏女性奧義的祕密，並將它融合到日常生活中是非常迫切而重要的事。

　　就像在三態女神神論卡其他單元中也有討論過的，那最原初、最基本的三態合一，其實就是原初大母胎的概念及規律的生死輪迴週期。在古文化中，女神以許多不同樣貌呈現了這種三態合一的精神，將這個概念放在心裡，就可以幫助我們去檢視不同文化中的三態女神，讓我們在這二十一世紀中得到啟示並活出我們的生命。我們可以從龐大的歷史資料庫中，找

出幾個特別的女神形象，她們在現今世界普遍被認識，同時也會為人類集體帶來福祉。

維斯塔

維斯塔（Vesta）是位羅馬女神，守護神聖的爐灶、確保聖爐中的火永不熄滅，她相當於希臘神話中的赫斯提亞（Hestia），這名字字面上的意義就是「爐灶」（hearth）。維斯塔或赫斯提亞守護的爐灶，其實就代表了大地的子宮，代表一個家、家族，以及繁衍後代過程中那核心之火。維斯塔的工作就是確保聖火永不熄滅，在這裡，歸於中心、專注是主要的課題。她最高層次的顯化形式，就是保持家和身體的潔淨，以產生純淨的氣場，創造神聖的空間。另外，雖然她要傳達的一個訊息是「認識你真正的熱情」，但這位灶神又始終讓家保持冷暖適中──既不會太炎熱或熱情，也不太寒冷或冷漠──維持一個適當的溫度讓每件事都可以正常運作。同理，她也啟發我們將感受與思考兩個世界的橋架起來，帶著覺察、很有技巧地去運用那可能會造成破壞、不安定的能量。

維斯塔也是儀式的管理者，點燃爐灶基本上就是一個每日例行的儀式，代表著女神的顯現，而這個儀式也確保我們可以得到保護。在我們的日常生活中，創造一個繞成圓形的儀式是非常有力量的──無論是否圍繞著火──這不但可以形成一個社群、凝聚團體，同時也能將群體周邊所面對的議題組織起來，讓我們這個集合體、這個社會可以獲得療癒，也為世界帶來一些美好的事物。

在羅馬維斯塔的神殿中，爐灶的火每年都進行一次熄滅儀式，在火焰消失的這段期間，人們有機會向黑暗臣服，穿越一個轉化的循環過程，

並開始渴望光明再度重現。因此——按照這位三態女神維斯塔的生活法則——如果我們能允許光明偶爾熄滅，這個概念就可以培養我們的意志，拉著我們朝向光明、朝向覺醒、保持機警、活在當下，並帶著清晰意識。經歷了這個過程之後，我們對於火焰再度點燃就會帶著滿心的感激。如果我們從未經歷黑暗，就不會珍惜光明，反過來也是一樣，有時我們甚至要祈請黑暗來臨，讓我們學習不要懼怕它。因此，在這新世紀中活出這位女神的意義就是，邀請並擁抱黑暗，因為它正是那肥沃的母胎。

月亮

在許多不同的文化裡，月亮都被視為三態女神，因為從地球的位置來觀察，它是天上唯一一個會改變形貌的星球，就像女人的身體一樣。這個天空中的女神，以新月的形貌代表少女、飽滿的果實，或是月經前期。滿月代表了一個圓滿豐盛的成熟女人，同時也包括了她懷孕、生產的過程；漸漸變小的虧月則代表女神展現為一個智慧女人，經歷更年期及老化。

月亮照亮了我們的夢。當我們睡著的時候，召喚了許多白天在意識的光明下刺激靈魂的影像，我們的夢就是那些醒著的生命所留下的記憶，透過夢，意識被月光提起，我們才有機會藉由月亮觸發的影像及符號，去重新審閱白天的種種。

崇敬月亮女神的方式之一，就是培養對夢的覺知，並試著去解讀。這需要費心努力並具備洞察力，才能過濾夢境中那些混沌、幻影，直接到達真理的核心；月亮就是我們內在的啟蒙，古代人仰賴這樣的內在提示去瞭解外在世界，他們與月亮非常親近，也必須如此。為了要求生存，他們必須靠著天生的直覺和本能生活，他們學習如何和花朵、樹木、鳥獸溝通，

觀察星晨的移轉，他們學著去傾聽、去接納。所以在這新世紀中，另一個我們要活出的三態女神意識，就是學著如何接納，成為一個杯子，就如同聖杯一般，讓我們的杯子盛滿新的生命，以及那賦予生命的力量。

狄蜜特

狄蜜特，農業穀神，同時也掌管生命中所有的豐收。在羅馬神話中她又稱為科瑞斯，兩者都帶著「母親」的原型意象，在關於她們的神話故事中，充滿各種象徵著三態女神的符號。

在神話中提到，狄蜜特心愛的女兒普西芬妮與同伴們在草地上採花，她被溪流邊的水仙花苞深深吸引，離開同伴獨自去摘採，然而地表突然裂開，冥界之神黑帝斯（Hades）乘著他的金色馬車，從地底深處的洞穴冒出來將她綁架了。狄蜜特從遠處聽見女兒的呼喊聲，立刻跑去救她，但什麼都幫不上忙了，這位著急的母親瘋狂地搜尋了九天九夜，尋遍土地與海洋都找不到女兒，那尋找女兒的熱切渴望，讓她沒時間停下來吃、喝、睡或沐浴。

在第十天的黎明，狄蜜特遇見了赫卡忒，她是暗月女神同時也是抉擇女神，她建議去找太陽神赫利奧斯（Helios）幫忙。赫利奧斯告訴狄蜜特綁架一事，並建議她接受已經發生的事實，狄蜜特大怒，拒絕他的建議，並裝扮成一個老嫗，帶著悲痛和哀傷在土地上繼續尋找，忽視她所掌管的農業神職，為世界帶來了飢荒。

最後，宙斯——對這整件綁架計劃也要負責——派遣他的使者伊西絲去查探狀況，並勸誘狄蜜特回到奧林帕斯山（Mount Olympus），讓貧乏的土地能夠再次長出穀穗及果實；狄蜜特拒絕了，除非女兒普西芬妮可以重

獲自由。宙斯只好派荷米斯（Hermes）到冥界釋放普西芬妮，但當時她受了黑帝斯的誘惑，吃下六個石榴籽，而冥界的法則就是誰吃了黑帝斯的東西，就必須永遠留在那裡，因此，普西芬妮永遠都得與這地底的黑穴產生關聯。狄蜜特毫不退讓，猛烈地與眾神爭辯談判要求改變普西芬妮的命運，至少讓她六個月待在地底冥界之後，有六個月可以回到地面的世界與母親一起生活。

　　普西芬妮與狄蜜特的故事充滿了隱喻，展現了女人在生命中會經歷三個階段：少女，即普西芬妮；母親，即狄蜜特；以及代表老嫗的赫卡式。少女以純真無知迎向生命的花園，沒有覺察到那成熟過程中的黑暗正在伺機等候。那地底冥界代表的是飽含養分及創造奧祕的大子宮，一個女孩為了要成為完整女人，必須見識那廣大的黑暗領地，並探索這可能會背叛或剝奪自性的領域。母親失去了女兒，或說失去了她自身的青春，才能繼續探索年齡的奧祕；到了經歷更年期，女人在進入下一個人生階段前可能常常哀嘆悲傷，但成為老婦卻是通往女性覺醒光明、揭開真理的途徑。在這些階段，女人必須帶著新的覺知，找到一個方法去領悟並平衡自己對於生命故事「圓滿完整」的感受。最後，當她懂得了生命的光明與黑暗面，也接受年齡的循環會不斷發生在人類生命中，才能得到內在的慰藉及安寧。

　　在我們每天的生活當中，學著如何滋養自己的內在及外在，是很基本重要的事。狄蜜特象徵的是穀物和果實，因此，她教導我們去找到餵養自己身體和靈魂的方法。我們可能會因為憤怒而讓自己飢餓，有時又可能會因為飢渴的感受而放縱自己暴飲暴食，也可能不知道如何分辨什麼是滋養靈魂真正的食物、什麼是來自渴望的虛妄食物。當女人的身體隨著月亮週期變化，她內在的生態就會與集體文化的情緒、氣氛結合，而這個文化又是怎麼看待她的身體、她的需求、她的美，以及她的價值呢？面對這些問

題，找出新的答案去解開那錯綜複雜的部分，才足以在當下這個世界療癒那神聖的陰性。每個女人都是狄蜜特、普西芬妮、赫卡忒，每個女人的內在都是獨特的。邁向自由的道路上附帶著一個條件，那就是誠實查看自己是否有意願跨進黑暗門檻，並發現藏在裡面的寶藏。

三態女神的復出

為了將古代神話的智慧運用到生活中，在現代這個新世紀，創造新的神話和意象去面對新的挑戰是非常重要的。在三態女神神諭卡中，我們在傳統塔羅二十二張大阿卡納牌之後，又增加了四張牌，然而這個新的做法，並不是不尊重傳統大阿卡納牌的形式，我們的意圖是為了幫助使用者在這新的世紀中，可以藉由特別設計的三態女神原型意象解讀，並面對新的挑戰。這些新的意象擴張並照亮了塔羅演化的路徑。在歷史上三態女神好幾度藏入地下又浮現，現在她又復出了，已經準備好以一個更適合這個時代的形式，再度回到人們的意識中。這本書以及這副牌打開了一條道路，讓她重新回到我們的心和頭腦，而這新形態的三位一體奇蹟，正是現在我們真正需要的。

如果要說明什麼是組成三態女神的本質精華，即三位一體的三態女神（Triple-Triple Goddess），我們可以將世界各地得到的各種片斷訊息作為基礎，加上我們自己受到女神啟發的想像，將樣貌大致描繪如下：

在圖像的正中央，我們看到老嫗、母親、女兒的女神形象，老嫗生出了母親，而母親生出了女兒。在她們的頭頂上，月亮也以朏月、滿月、虧月的三態展現，女兒坐在母親與祖母雙腿之間，齊坐在海面

的太陽圓盤上。在她皮膚黝黑的裸身中央，我們可以看見七個脈輪發出微光和彩虹色彩螺旋迴轉著，三個女人都戴著三叉頭冠，周圍總共有七隻蛇盤繞著，女兒手持三瓣的花朵放在心輪的位置，她的右腳往前伸展朝向世界，左腳則盤曲在身體下方形成一個祈禱或靜心的姿勢。這老嫗、母親、女兒三態形象安住在一個六芒星的中央，六芒星則是由正向和反向的三角形組成，外側有彩虹般的光暈圍繞，最後還有一圈螺旋迴轉的智慧之火圍繞。

　　要將這麼多不同的三位一體形象，全部容納到一個單獨的圖案裡是非常不容易的，然而瑪拉‧費德曼卻完成了這個美麗的創作，在三態女神神諭卡的第二十五張三位一體牌（Trinity）中，完全捕捉到了三位一體三態女神的精髓。這張牌，是三態女神最完整的表現，散放三態合一的光輝，高居眾女神金字塔的巔峰。在這個新世紀中，當我們遇到挑戰時，最需要的就是呼喚來自三位一體三態女神的啓發與鼓舞，將一個新的意識誕生到具體的形式當中。

　　這個新的三位一體三態女神，可以有許多三合一的表現形態，包括：老嫗、母親、女兒；過去、現在、未來；身、言、意；母親、女兒、聖靈；臘月、滿月、虧月；渴求、厭惡、中庸等。其它還有許多三態組合，她破除了靈性相對於物質、主動相對於被動、男相對於女、太陽相對於月亮、教訓相對於同情、吸引相對於排斥等二元對立的概念，另外，她也是全然覺醒、自我圓滿的（如單性生殖般），同時又是無盡的慈悲、投入這個世界。她既是誕生這個世界的太陽烈焰，同時也是如水一般的月，將我們擁抱在子宮中，更是大地，讓我們安安穩穩地扎根。

　　所有存在的事物都誕生於三態女神，因此，子宮是用來描述她一種很

適切的表現，然而有些時期她又會從這形態抽出，以一種更有目的、更明顯的方式滲入世界。她會化身為許多道行高深的修道男女，如伊喜措嘉、聖布里吉德、聖母瑪麗亞、耶穌基督、佛陀等。這些高貴的、覺醒的救世者來到世界，療癒並幫助人們，然後奉獻他們自己回到地下世界、子宮，最後又重生或復活進入一個循環之舞，在這輪迴當中不斷淨化、救贖我們全體。三位一體三態女神可說是偉大的守護者、新世紀的救世者，她在我們的時代以任何我們需要的形式顯現。

除了新的三位一體女神之外，還有三位三態女神加入了這副牌——無盡的祝福（Infinite Bliss）、無窮的真理（Infinite Truth）、無限的潛能（Infinite Potential）。這四張新的牌代表喜悅、真理、專注、意識，都以一種較高層次的演化渦旋回到這世界，這份創新已經在三態女神的子宮中孕育很長一段時間，並從那宇宙智慧的沃土中，吸收形成細胞的養分。這些新次元的喜悅、真理、專注、意識，展現人類未來的可能性，到時我們真的可以安然和諧地在塵世與天堂之境自處，達到「如其在上，如其在下」（As above, so below）的自在——若我們深思這句話，就可以明瞭它所要傳達的、恆久不變的智慧，那是已經傳承好幾世代的智慧，為的就是要我們體悟我們已經是一個綻開的新世界靈魂。

三態女神以她們無盡的愛與神聖的智慧重新塑造這個世界的能力，都被描繪在這些新的圖像中了。現在，正是以全新的方式去想像並擁抱三態女神的時候，我們要尋找解決之道，並讓老舊的死去，我們要聆聽那從頭腦和心浮起的新聲音，不再說謊、詛咒，或做任何傷害的行為，留意那新世紀神諭的呼喚。新的三態女神從她那無限可能的母胎中再度復出了，當我們和她一起覺醒——充滿活力的、顫動的、嶄新的——我們就開始學習去宣稱並確認自己是最崇高的完美呈現。她以那多層次的原型意象啟發了

三態女神神諭卡的創作，如果要具體呈現這份女性的神聖，最好的方式就是組織一個女人圈，運用三態女神神諭卡去滋養並穩固這個團體的活動。

在西方，經過兩千年基督教的優勢之後，一股新的神祕流派已經興起，我們必須從理性為中心的思考推移到真正的觀看，一旦我們睜開眼，就會看到三態女神無所不在，她從未真正消失，只是我們失去看見她的能力，我們被翻滾的浪潮攫獲，卻忘記自己一直都是在海洋中休養生息。

三態女神一直存在於那圓滿的輪迴當中、存在於地球的智慧，以及那規律的週期循環中，她透過花草、樹木向我們說話，她也活在那與自然界共存的煉金術教導中。我們每個人都是那大母神，我們的身體就是她的聖殿；我們既存在這個宇宙的誕生，也存在上個宇宙的死亡之中；我們聽見世上發出的第一道聲波、第一個說出的字語，我們將混沌化為有形，進而形成了世界的母親。現在是時候了，我們應該記起自己是誰，並以三態女神的原形呈現，面對任何將發生在我們面前的事。

4

三態女神神諭卡
在日常生活中的應用：
排列與占卜

女神崇拜其實是人類追尋自身靈魂本質的一種徵兆，也因此，女
神的傳說永恆不滅，因為那些都深刻並本能地與人類的自我認同
連結著，唯有透過對女靈力量的體悟，並一次又一次接受、成長，
人類才會得到最終的自由。

—— 馬賽蒂（Manuela Dunn Mascetti）

　　三態女神神諭卡和本書的設計，都是為了提供一種特殊經驗，讓人藉
由女性的身體及感官，與宇宙原型世界連結，而這個連結最容易在自然界
陰性的循環中看見。一旦我們懂得如何解讀她，三態女神的多重樣貌就會
在生命出生、死亡、重生的神話中投下一道光，我們也將會瞥見她的各種
型態，包括：每個春天從那黑暗子宮般的洞穴中探出、來到日光下的黑色
聖母，生育地球、太陽、月亮的神祕伊西絲，生育內在小孩的少女蘇菲亞；
月亮所呈現的上弦、滿月、下弦三種形態，以及少女、母親、老嫗三階段。
　　偉大女神賦予能力，讓我們能夠真正地將靈性世界與塵世合而為一，

將星空與綠地結合，如果我們可以具體實現一條平衡、圓滿的旅程，從迷失中找回自己，那麼我們有件事一定要做，那就是將神話、故事、歌曲、舞蹈、信仰、療癒，全然地建構在日常生活當中。當我們以這種方式貼近女神的聖靈，許多夢想及視野將會從她那充滿魔力的神祕之井中升起。

花點時間想想，到底「神祕學」（Mystery）是什麼意思？很明顯地，它是「隱藏的、祕密的教義，或一種很難解釋的事」，而字典中也告訴我們，複數的「神祕」（Mysteries）表示祕密的祭儀、宗教儀式或僅有傳道者才知道的聖禮。再追溯這個字的字源來自希臘文「Mysterion」，跟「Mu」有關，代表「閉上眼睛」，或是與「Mystes」有關，意思是「開創者」。時序已經來到了揭開謎底的時候，曾經緊閉的眼睛現在必須睜開，我們必須瞭解通往創世、永生自由的道路，也就是那神祕的巫士之道，是那包含所有偉大祕密、生死之謎的道路。

再想像一下地球上一顆種子的生命過程，受到月光如水般的滋潤，朝陽光挺直茁壯，全然甦醒之後結出果實，然後再度成為種子。而行星的運行，也擁有這般原初的、來自宇宙的智慧。我們每一個人，其實就是一個小宇宙、小星系的縮影，我們也會潮起潮落、花開花謝，就像所有的星球規律運行，也像自然界依循週期變化著。

自然輪迴的啟蒙與考驗，將要為我們塑造獨特命運時，我們那卑微的頭腦總是在這關鍵時刻試著掌控發展，因此，生命之流往往在這一刻潛入地下世界，回到女神的大母胎中。這時若是能夠有技巧地運用那些神祕學的工具，如占星、身體深度療癒、冥想、神諭占卜等將會得到莫大的收穫，透過諮詢，可以讓我們對生命的狀態、轉化的潛能，以及未來成長覺醒的機會得到更客觀的洞見。

三態女神神諭卡就是這神祕學的工具之一，它可以運用在日常生活中，

讓我們簡單而輕鬆地與大自然生生滅滅、週期變化的神祕儀式連結在一起。使用本書或這副牌的人都有機會理解自然規律、臣服於身體的智慧，並且以一種最具體、實際的方式，理解包含一切的靈性法則，這都歸功於其中包含神祕的塔羅牌陣、七個脈輪的奧義教導，以及原型意象的智慧。

瞭解身體核心的本質力量，是邁向身體覺醒的第一步，而第二步就是要學會運用想像力、原型意象的知識、本能直覺的靈感與靈魂的天賦，當你向三態女神神諭卡敞開心胸，女神的聖靈智慧也將指引你前進。

如何使用這副牌

所有關於三態女神神諭卡的圖像、文字和排列展現，都是爲了那些希望在日常生活中，藉由接觸女性神性得到個人成長及啓蒙的人所創造。你並不需要有任何塔羅知識、脈輪療癒或靈性教導的經驗才可以用它來進行占卜，它會引導你，如果你精通神祕學，那麼更會發現女性神性會依你的程度與你交會，牌的排列簡單而直接，呈現清楚的指示。特別當你專注於覺醒的意念時它會幫助你，讓本書和這副牌成爲夥伴，它將爲你的靈魂開啓一扇窗，進入三態女神的奧祕世界。

即使你選擇不用這裡介紹的排列方式，仍然可以享受這系統帶來的力量及轉變。你可以用煉金術牌當作一種訊息提示，選出任何一張牌來獲知關於你自己、生命狀態、你的摯愛的任何訊息，你可以每天練習當作一種儀式，或是在生日當天、任何尋求內在指引的時刻來做占卜。這副美麗的牌也適合在女性或男性團體聚會、儀式時使用，在團體中抽牌並大聲分享彼此的訊息，是一種增進朋友間彼此信任與培養好感的方式。另外，脈輪牌也有同樣功效，它們也可以另外獨立出來作爲療癒用的牌組，幫助你與

自己的身體保持協調一致。

與塔羅牌感應

　　無論你是自己找到這副三態女神神諭卡或是別人送你當作禮物，都建議試著對它所有的指示全然敞開心胸，這樣才能讓這副牌真正屬於你。花一點時間以你自己特有的方式為這副牌獻上祝福，並將所有神聖的解讀占卜歸功於女性聖靈，經由這個過程，會讓你在使用這副牌時得到三倍的祝福。

　　在每次諮詢前，同樣也花點時間用你自己的方式與這副牌連結感應，最重要的是你要為這次的諮詢設定一個意圖，並開放心胸讓智慧進入你這次的工作。洗牌的時候要慎重小心，它們才會為你盡力施展，心存感激，療癒自然產生效果，帶著負責進取的態度，因為你靈性道路上展現的美都是最大的祝福。願生命每一天、每一刻都充滿豐富的愛，保持真誠，這副牌就會祝福你。

觀察牌陣

　　本書提供了七種塔羅牌序列牌陣，為的是呼應彩虹七種顏色的力量，以及人體七個神聖能量核心，分別稱為：三態彩虹牌陣、月亮女神牌陣、身心靈牌陣、七脈輪身體地圖牌陣、靈魂訊息牌陣、身體訊息牌陣、大地感應牌陣等。這副牌非常適合作為家族或朋友圈共享的資源、療癒練習，或是個人的指引，當你熟悉每一種牌陣之後，找出最適合你自己的牌陣，或適合用於諮商個案、朋友、家人的牌陣。

　　如果你是個按摩師，便可以運用脈輪牌來幫助診斷你的客戶身體上的

問題，確認哪裡產生滯塞、緊張或留有舊創傷，也可以用煉金術牌提供一個原型意象，找出療癒的可能性。占星師可以藉用靈魂訊息牌陣或三態彩虹牌陣提供的意象啟示，來做更深度的占星諮商。如果你是個直覺訓練師、指導者，在探索個案生命轉化及渴求的過程，可以利用這副牌將生命訊息及資源做層次分級。另外，當你或你的個案需要知道地球上某個地方所具有的特殊力量及能量，大地感應牌陣可以幫助個人的身體與地球上的特定地點產生感應及連結，甚至可將此牌陣結合地理占星術及星座來做占卜。

嘗試用這副牌自創屬於你的牌陣及特殊用途，它們本來就是設計用來當作一種訊息及療癒的資源，最重要的是，希望它們可以為你盡到最大功效，並協助你幫助這個世界。

一件善行值得千萬祝福。

—— 查拉圖斯特拉（Zarathushtra）

牌陣

1. 三態彩虹牌陣（煉金術牌及脈輪牌）

當愛、光、智慧與個人的虹光體（rainbow body）、靈氣（aura）或能量系統產生共鳴時，這個牌陣就可以突顯其中的啟示。根據印度教的教導，人的能量系統是由七種圍繞或穿透肉體的精細體（subtle body）構成，其中，從精細體中放射出來的電磁波構成了靈氣，每個精細體都有其特有的靈氣場，擁有個別的顏色與音頻，這些顏色可以顯示靈魂的進化與每個精細體的健康狀態。

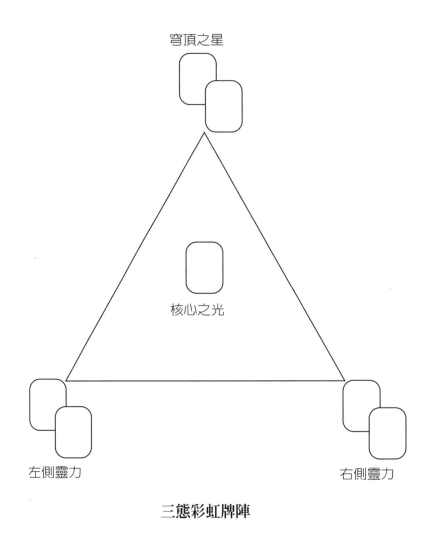

穹頂之星

核心之光

左側靈力

右側靈力

三態彩虹牌陣

　　將二十六張煉金術牌正面朝下呈扇形展開，然後將七張脈輪牌同樣正面朝下以扇形展開。依照上圖所示，在三角形每個頂點各選取一張煉金術牌和脈輪牌，最後選取一張煉金術牌放置在中央。你總共會選出七張牌，分別是在三頂點各兩張，中央一張。

　　放在三角形頂點的三張煉金術牌，代表的是此刻你內在呈現的原型特質，它們可以幫助你平衡你的期待及直覺，而與煉金術牌對應的三張脈輪

牌，則反映身體內需要平衡及喚醒活力的區域，它們顯示這些區域儲存著潛意識的模式及印記，造成外在不斷重覆出現阻礙及限制。仔細觀察脈輪牌的顏色和象徵的符號，這些顏色對應著你靈魂的虹光，指示你將這些顏色倒入生命，讓療癒開始啓動，展開更明晰的視野。

右端：這代表我的意願，也是賦予我力量、勇氣、主權和領導力的靈性自我，我藉由這個力量維護生命中的所有決定，以幫助我達成更高層次的天命。

左端：這裡展現的是擁抱我生命所有的光和愛，它代表我的靈魂，給我啓示、創造力、熱情、洞察和包容力，我藉由這股力量在生命中開創一條充滿創意的道路。

穹頂之星：位在三角形的頂峰，代表我正沐浴在守護天使、高我（high self）的神諭教誨之中，他們在我通往重生和圓滿的道路上一直守護著我。這個位置同時也綜合了左端和右端所代表的我。

中心：這是我靈魂的歸宿，存在生命核心的聖靈之光，這是我宇宙的中心，光能在這裡形成漩渦，開啓了一道愛的通道，這是孕育所有事物發生的子宮，也是命運的主宰，這張牌代表無私守護和永恆支持的力量。

結語

我的身體散發著許多色彩的光，因為我正是彩虹女神。在彩虹的美麗之下，我像光譜一樣包含了各種可能性，我的靈魂裡總是抱著希望，準備好要在我的心及孕育一切的子宮中遇見黃金寶藏。當我不斷向外拓展、探索新的經驗領域，我也不斷地重生和更新我的生命，我那無垠的彩虹光芒照亮了性靈、讓我的靈魂沐浴在閃爍的色彩之中。

2. 月亮女神牌陣（僅使用煉金術牌）

　　三態女神掌管身、心、靈三層面的所有行為，而這個牌陣反映女神的三態面向，同時結合月亮的圓缺週期：朔月（waxing，出生和成長）、滿月（full，生命或重生）、虧月（waning，階段性的死亡），顯示你生命目前的階段和狀態。三角形代表的是神奇的週期循環：新的開始、收穫豐碩或充滿潛力，以及結束。這個概念遍及世界各文化及神祕學系統，而月亮女神的形象也分別以年輕少女代表新月、一位母親或成熟女人代表滿月、老嫗或智慧長者代表虧月。

　　當你遇到三態女神向你展現生命各種可能的時候，這個牌陣會幫你描繪整個演變的過程，就像月亮的陰晴圓缺，我們也會隨著生命節奏逐漸改變。當各種新的可能在我們的存在中產生（新月），這個新的我就會慢慢將光芒照亮（滿月），而當我們因啟蒙而發光發熱之後，這條道路也漸漸邁向智慧（虧月）。這三階段的女性智慧告訴你：（1）本我以什麼樣的面貌進入這個世界；（2）當那個本我達到全然自由、極富創造力的時候呈現什麼樣貌；（3）當每一天都過得有意識，那麼會為這個世界帶來什麼。

　　將所有二十六張煉金術牌向下展開成扇形，選擇其中三張分別代表新月、滿月、虧月，並將它們排成如圖示的三角形。

　　第一張牌：這張牌代表新月。新的種子已經在你內在豐沃的生命種下，它們開始發芽並漸漸朝著月光成長，新鮮又溫潤的潛能正於內在滋長，讓這個位置的圖像賦予你靈感，讓你可以達到它所代表的最高潛能。

　　第二張牌：這張牌代表滿月。覺醒的花朵已經完全綻放，就像滿月的光，賦予這世界美麗的景象，充滿感激、寬容和圓滿。讓這圖像反映你的洞察力和智慧，這張牌照映出生命最大的潛力和最高目標，當你持續不斷

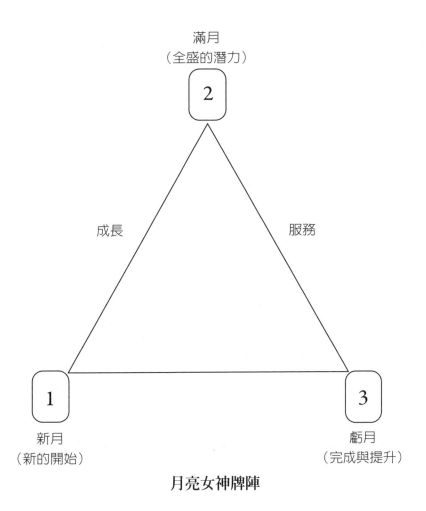

月亮女神牌陣

地將全新的自己完全展現時，也不要吝於爲這世界貢獻你所有的天賦。

　　第三張牌：這張牌代表的是虧月。在經歷滿月階段的豐盈之後，充滿了光和智慧的你，可以準備對周遭的世界貢獻所有。這張牌顯示的是你在這人生旅途中可以做出的奉獻和服務，圖像呈現世界將以什麼樣的方式接收你的付出和療癒力量。

結語

在天地宇宙的奧祕中，月亮也是一種盛水的容器。就讓我飲用這來自月亮女神子宮中的養分，學習她週期變化的祕密。我的身體和意識也將展現那出生、死亡又重生的特質，我的心和靈魂，將閃爍著那永恆不滅、充滿祝福的光芒。

3. 身、心、靈牌陣（脈輪牌和煉金術牌）

整個世界向人類展現三態合一的樣貌，而每個人也透過身、心、靈三個層面，將這種三態性織入每日的生活中。首先，透過身體經驗著每天的生活，我們不斷與世界每件事物產生關聯。然後透過心靈的種種經驗，我們賦予生命一種主觀的意義；心靈又是雙向開展的，既向物性也向靈性保持開放，它存在每個個體內在，自成一個獨立而不斷創造的小世界。最後，透過純粹的靈性經驗、神聖的存在，我們得到啓示而與這個世界建立一個無私無我的關係。透過靈性，這個外在世界將以更高層次的樣貌展現。

這個牌陣就是設計來讓你看見日常生活中所表現的三態模式，在我們轉化提升的過程中，不斷探尋自己與環境的關係。當我們觀察礦石、植物、動物和自然界所有事物時，我們其實也覺察到人性，透過這神聖的鏡子，人類才有能力產生新的思想、創意和各種表現。我們被賦予一種特有的天賦，可以讓我們連接內在的心靈和神性，同時又讓自己與外在接觸，以一種身體物質的直觀來感受生命。這樣的能力可以讓人毀滅或昇華，就看個人的意識，以及他／她與自然世界的關係如何。

將二十六張煉金術牌面朝下以扇形展開，選出其中三張，依照抽選的順序按圖示的三角形位置擺好，然後將七張脈輪牌同樣面朝下扇形展開，選出其中一張放在三角形的中央。

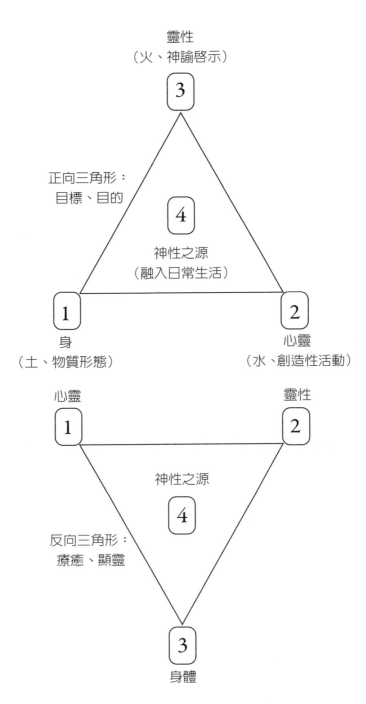

身、心、靈牌陣

朝上的正向三角形代表你的目標和目的，牌陣中的三張煉金術牌反射了你覺醒的生命，對於身、心、靈三態一體不同面相所產生的回應。中央的脈輪牌則顯示透過你身體某個最適當的部位，來服務並接近這個世界；換句話說，這張牌顯示的是一個著力點、一個能量中心，其他三個部分都藉由這個點得到力量，這是個加油站，也可說是神性之源，支持整個系統，當然也包括了身、心、靈。

第一張牌：這張牌代表的是身體和所有與物質世界連結的部分。讓這個影像指引你找到和這世界產生互動的方法，同時也找到一個方式，將新的啟示和意義帶進這世界。問自己：「透過我與土地、與他人，以及與我自己的健康愉悅的互動，什麼才是我能貢獻給這世界最有價值的能量？透過靈性的交流，我要如何療癒這個社會？我要為土地做些什麼才能療癒我們的地球？」

第二張牌：這張牌代表的是心靈體，與流動的情緒及直覺領域有關。這張牌的原型能量代表了一種動能及創造的潛力，它將促成身體的誕生，同時也在達到個人極致境界前，影響整個生命走向。讓這張牌開啟內在深沉的冥思，你那原初的、充滿創造性的本我與靈魂體的核心，到底具備什麼樣的品質和特性？問你自己：「藉由與神的連結，我要如何療癒靈魂？」

第三張牌：這張牌代表的是神啟和智慧。就如同身體是心靈的基礎，心靈則是神性的根基，這張牌象徵的是現實的第三向度，人們必須懂得支配它，才能與外在世界達到和諧平衡的關係。這是一股外推的力量，超越個人自我的侷限，讓人的心靈可以向上提升達到宇宙性的認知與智能。當身、心、靈三個層面合一，個人化、獨特化的基礎才得以建立，讓這個圖像指引你達到更高的目標和啟蒙境界。在你的生命中，這三張牌如何與你產生連結、有什麼影響？

第四張牌：這是一張脈輪牌，表示某個身體的能量中心不斷發散光和神啟的電流，傳達到全身上下。對這個脈輪作靜心冥想並讀取它提供的訊息，感受這個脈輪的特質，並經歷它那像生命力發電機的力量。身、心、靈三個層次會透過身體來實證呈現，而這個脈輪就是需要特別留意覺察的部位，這是目前最能協助你經歷覺醒的過程、奉獻服務這個世界的脈輪。

結語

　　為了人類及地球，我承諾以這一生尋找最好的福祉，而對於生命終極目標的覺察，來自於我平衡身、心、靈的能力。我的身體散發光芒，心靈浸潤在智慧的精華之液中，我的靈性則充滿了夢想及遠景的啟示，我將這些深深扎根於大地。

　　注：如果要做療癒及顯靈的解讀占卜，則可將牌陣顛倒，向下的三角形頂端代表的是身體牌，底端兩張牌則分別代表心靈及靈性，中央的脈輪牌本質上與前述的相同。解讀這個牌陣時只有一個最大的不同—在此牌陣中，代表身體的牌是焦點。當你想要知道如何更紮實地扎根於這世界、想要瞭解你能創造及推動的是什麼，就適合採用反向三角形牌陣。

4. 七脈輪身體地圖牌陣（脈輪牌及煉金術牌）

　　輪盤狀旋轉著的能量中心稱作脈輪，總共有七個，沿著身體的中樞分布，生命力之流在每個脈輪上旋轉，各自代表著我們生命中不同的意識特質。七個脈輪整體展現了一張人體能量地圖，當我們鑽研它並瞭解之後，便可以讓我們更瞭解自己的身、心、靈。脈輪系統可說是指引我們生活最主要的網路，就像彩虹橋般，它為身體與心靈、靈性與物質、過去與未來、天堂與大地之間建立起一個通道。

身體是意識的載體，它緊抓著過去種種的記憶、習慣，然而這些記憶卻往往是無意識的，在我們產生互動、親密關係、愛、權力、信任及各種身體的行為狀態中，記憶自動浮現並各自扮演角色。為了讓我們這個載體可以運作得更平順有效率，我們應該讓覺醒的心靈與這個健康的身體合一。關於脈輪及脈輪牌更多的訊息，可以閱讀本書中介紹脈輪的單元。

這個牌陣可以兩人、團體或個人單獨使用，它是讓你從一個地圖的觀點檢視身體，如果你願意的話，它可以直接排列在身體上。首先，將七張脈輪牌從整組牌中個別抽出來，接著，將剩下的二十六張煉金術牌面朝下

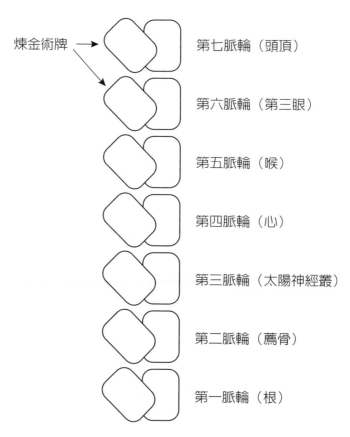

煉金術牌 →　　第七脈輪（頭頂）

第六脈輪（第三眼）

第五脈輪（喉）

第四脈輪（心）

第三脈輪（太陽神經叢）

第二脈輪（薦骨）

第一脈輪（根）

七脈輪身體地圖牌陣

展開呈扇形，讓諮詢者從第一脈輪開始分別抽出對應七個脈輪的牌，放到各自的位置上。

兩人或更多人：讓其中一個人躺下，其他人將七張脈輪牌依照對應的位置放在躺下的人身上，然後抽出的煉金術牌則面朝下，放在對應的脈輪牌旁邊。依順序將煉金術牌一張一張翻開，解讀牌中對應每個脈輪的原型能量所陳述的故事，藉此能量可以逐一產生不同影像流過身體，幫助我們瞭解要如何滋養、療癒、行動，並對身體各部位找出最有效的療癒方式。

在女性團體或其他團體聚會中：在這個練習中，六個人是最佳的人數。請其中一位抽出七張煉金術牌，然後在團體成員圍成的圓圈中央躺下，在她身體七個脈輪的相對位置上放好牌陣，正面朝上排成一直線。然後按照以上步驟，團體中其他人也可以做同樣的排列。這個牌陣排列在身體上看起來非常美麗，因此我建議每個人可以準備相機拍照，擁有一張展示自己的脈輪色彩並伴隨著相應煉金術牌的照片，是件很棒的事（如果你是工作坊或療癒團體的領導者，這將是送給學員最棒的禮物）。

獨自一人：你也可以自己一個人排列這個牌陣，從第一脈輪開始，將脈輪牌垂直往上展開。這個牌陣要在地板上排列，最好是在一個非常美的環境中，事先清理地板，或鋪上一塊很美的布或地毯。抽出七張煉金術牌並放到相對應的脈輪位置上，然後繼續爲自己解牌，感覺彩虹的顏色照亮你整個能量系統，並對煉金術牌所提供的療癒故事、原型意義開啓想像力。

結語

我的身體就是彩虹七種色彩振動的波

我的身體在紅色中扎根

想像力在橘色中流動

在黃色中所有意念都純淨無染

我的心在綠色中開放

聲音在藍色中清晰而真實

直覺犀利如深靛色

而那靈性層次的我則在紫色中啓蒙

我覺醒了

5. 靈魂訊息牌陣（單張牌陣）

在我們的生活中常常需要一面清晰且真實的鏡子，來幫助我們瞭解一些狀況、一段關係，或生命中任何我們所關心、新覺知的突發事件。在這些轉化的關鍵點上，最重要的是集中注意力，深刻而清晰地覺知週遭狀況。現在就是最好的時機讓你向靈性的自我提出問題：「靈性女神這時候會怎麼做呢？」

將二十六張煉金術牌面朝下展開呈扇形，帶著強烈的求知意念，仔細提出一個問題，然後抽選一張牌，這張牌將會提供你清晰的答案。

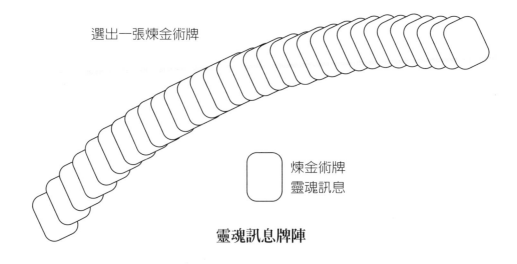

選出一張煉金術牌

煉金術牌
靈魂訊息

靈魂訊息牌陣

結語

　　我來到心中的果園，等待花苞綻放。我傾聽，渴望在此刻能夠理解那靈性高我所給的愛和真實的深刻訊息。我是一個暢通的管道，準備好接受恩典。

6. 身體訊息牌陣（單張牌陣）

　　我們的身體是訊息接收器，緊抓著過往的記憶、宿命的印記、深刻的傷痛，同時也懷抱永恆的智慧、無私的愛、直覺及預言真理的能力，這些都是頭腦心智遠遠不及的。身體是我們神聖的殿堂，如果學著照顧我們的脈輪系統，就能擁抱健康，獲得更多活力及生命力，幫助你擺脫過去的枷鎖獲得自由。

　　將七張脈輪牌面朝下展開成扇形，抽選其中一張並翻開。這張牌的圖像、顏色及訊息，就是你的身體此刻試圖想要傳達給你的，我們要如何學習調整自己的頻率，並試著傾聽身體要告訴我們的事？

　　1. 我們必須學習和自己的需求與渴望共處。

　　2. 我們必須敏銳感受身體每天給我們什麼訊息。

　　3. 我們必須以健康的食物和運動來讓身體保持平衡。

　　4. 我們必須呼吸。

　　5. 我們必須花時間與每個脈輪連結，傾聽身體的聲音，它會痛嗎？是不是充滿生命力的波動？它覺得沉重、有包袱嗎？它是不是想站起來跳舞還是想哭？

　　6. 我們必須愛身體的每個部位，它才會覺得安全有保障，也唯有如此，它才會清晰地讓我們覺察它所有的實相及恐懼。

　　許多人無法覺察自己的身體有許多偽裝，直到他們開始注意能量模式，

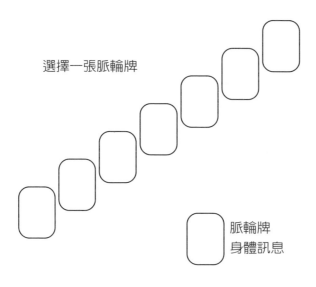

選擇一張脈輪牌

脈輪牌
身體訊息

身體訊息牌陣

以及流經全身的頻率波動。以下這個簡單運動可以平衡身體，首先雙腳穩定地站在地面上，感覺那連結你與土地的重力和力量；從脊椎尾端開始，以渦形螺旋的方式將這股豐盛的能量往上提升疏通，感覺它活化了每個脈輪；最後穿過頭頂的冠輪，連結廣闊無垠的天堂智慧與洞見，沉浸在天使之域。在那裡你的想法與視野都受到支持，然後，慢慢將這力量降下，讓它往下穿越所有脈輪，直到你再次感受自己雙腳穩穩地站在地面上。深呼吸，並感謝你的生命，繼續將這份感激和愛帶入你所有的活動及談話中。以旋轉的方式繞圈、跳舞、走路，在大自然中健行，這些都是接觸生命活力很好的方法。

生命連續不斷且永恆。

── 愛德·嘉凱西（Edgar Cayce）

征服自己的人，比征服世界的人更偉大。

——愛德·嘉凱西

即使只是一個念頭、一個希望，都有可能粉碎然後轉化我們。

——尼采（Nietzsche）

結語

我的身體是心靈珍貴的寶殿，上面點綴著七個像鑽石般的脈輪，它是一道充滿愛和光的彩虹絲線。我就是那愛，我就是那光，每天每刻，永恆的生命都與我的存在融合為一。

這個單張牌的牌陣，讓你有機會與身體接觸並溝通。你可以要求一個清晰的圖像來告訴你身體的哪個部位需要檢查及療癒，或者你也可以問身體哪個部位最有活力、充滿了健康朝氣及創造的潛能。如果你兩種問題都想問，最好分兩次占卜，這樣才可以從七張完整的脈輪牌中挑選。

7. 大地感應牌陣（脈輪牌及煉金術牌）

這並不是一個實體的牌陣，而是一種讓你更深刻認識你與土地的關係的方式。到一個你想要瞭解的特定場所，儘量靠近地面，然後利用脈輪牌來進行冥想靜心。將你的注意力放在土地及環繞你的自然力量上，抽選一張脈輪牌，它會幫助你明白這個地方將帶給你什麼樣的療癒力量；或者相反的，你可以問這塊土地需要你提供什麼樣的療癒。你也可以再抽一張煉金術牌，幫助你瞭解土地將提供你、或你將貢獻土地哪一種原型動力。

對團體來說，這是一種非常有力量的儀式，特別是在進行聖地旅行、朝聖或是生態工作坊時。整個團體可以一起調和頻率，在這團體的能量場

域中，其中一人為這特定的場所抽一張脈輪牌，然後每個人分別抽一張煉金術牌，以便瞭解每個人自身將對全體有怎樣的貢獻，又將如何與這個場所連結。這個牌陣可以在自己家中、旅途中，或在你的花園進行。盡情發揮創意，發現更多與大地之母的智慧連結共鳴的方式吧！

5

煉金術牌：
成就智慧的王者之道

　　煉金術牌──與七張脈輪牌──都是為了啟發並幫助內在成長而創作出來的，每張牌的圖像、原型意象的訊息，都讓想像力與那股推動創造性活動及啟發靈感的動力連結，為內在智慧、靈性覺醒提供了一個多元而寬廣的教育機會。三態女神神諭卡將煉金術牌、脈輪牌推展到這世界，作為學習、應用與準備的工具。

　　若能以審慎的態度及意念在塔羅上工作，將身體的感受與思緒調和一致，就可以全神貫注去發現時間、空間，以及這個物質世界中無限的可能性；在那裡，空間有了新的比例，而個人的意識也移向一個更高的層次。舉例來說，在物質世界裡，一個人給出去愈多，擁有的就愈少，然而在靈性世界則剛好相反，你散發愈多愛，得到的愛就愈多。透過煉金術牌所呈現的原型意象、靈性上提示的各種例子，一個人可以慢慢瞭解靈性世界獨特的特質。

　　每張煉金術牌的圖像，都可以從六個面向來解釋它獨特的意義，分別是：

　　1. 傳統解讀：這個部分從傳統和歷史的角度來解讀圖像，煉金術牌中只有最後四張新創作的牌：無盡的祝福、無窮的真理、無限的潛能、三位

一體沒有這部分。

2. 煉金術與轉化：這個部分闡明了啓蒙之路，同時也解析三態女神神諭卡所呈現的強烈訊息與符號意義，包括許多令人振奮且確實可行的方法，讓人可以融入並實踐牌卡意義及訊息的精義。

3. 覺醒的原型：每張牌都連結一個原型意象，這個原型反映著某種隨時可得的獨特能量或生命力；原型能量是靈魂在宇宙中的投射，同時透露我們作爲人類具有擴張潛能的可能性，而這個部份就是要請你走向某個獨特的原型旅程。

4. 日常作息：這個部分則是提供一些指引，讓你的心靈旅程可以在日生活中實踐。

5. 自然藥方：每張牌都與自然界中的某種花、樹、藥草，或擁有某原型意象印記的大地符號產生連結，這個部分讓人可以找到相應的自然元素，藉此獲得和諧、平衡，並且將人的靈性生命與自然世界合一。

6. 靈魂訊息：這個部分透過一些特別的引言、祝禱或祈福，傳達神聖的訊息。

每張煉金術牌的圖像，都框在象徵心之珠寶盒的圖紋中央，請收下這份煉金術牌所賜與的療癒禮物，願你那美麗的靈魂每天都發光，而女性的神性之愛也溢滿每天的生活行動中。

請注意：這副牌並沒有逆向牌，解讀的時候請將所有顛倒的牌都翻正，我們希望你只需專注於正向的圖像意義即可，因爲這樣不但可以避免助長對立的二元性，同時也可以減少過分分析及智性上的疑惑，讓圖像帶著一種清晰的覺知對你的心吟唱。

煉金術牌解讀

0. 飛進春天
Flying into Spring

注意！一個神聖的聲音正在呼喚你，

整片天空中一個神聖的聲音正在呼喚著你。

——黑麋鹿（Black Elk）

傳統塔羅圖像：愚人（The Fool）

傳統解讀

小丑、愚人、弄臣牌連結著意識的兩大領域：現實生活中每天要面對

的雜務，以及非語言層次的想像力與天賦。歷史上，國王宮廷裡的弄臣就是扮演著這種自由游走在上下兩大階層之間的特權角色，他的工作就是去安撫那些農民，同時扮演貴族與他們之間的媒介。

由於弄臣游走於這兩個世界，讓屬於權力的原型（國王、皇后，以及類似角色），得以和那些平民關心的世俗瑣事產生關聯。換句話說，愚人牌在靈性上表示為我們開啓了「宮廷」大門，更高層次的說法，就是夢見了無意識領域中那些獨特的原型，這張牌預告我們將會與未知的神奇力量相遇。

煉金術與轉化

經由啓蒙和覺醒，靈魂來到一片新墾地：這是一個我們從來都不敢來的地方，許多狀況讓我們畏懼迴避，許多內在的激情是我們一直認為該壓抑的，然而當時機成熟，一些深藏許久的祕密就開始浮現出來。這時，我們會覺得該讓一成不變的腳步離開地面，飛向生命嶄新的領域。

在圖畫中一個女人穿著紅色衣裳 —— 眾所週知代表的是新鮮的熱情 —— 雙臂像鳥一般向外伸展，長袍上的羽飾，就像弄臣身上的鈴鐺和寶石，象徵著輕盈夢幻的新生活即將展開。她滿心歡喜地向世界宣布預言，羽毛象徵著風元素，也代表一個人可以享受嶄新生活的自由。

同時，在鳥類世界裡，羽毛又象徵轉世重生的潛力，即任何一個願意跨出大步、邁入未知生活領域的人，都可以感到他們的靈魂似乎經歷了重生，即使形體並沒有改變，這時生活的主要目標成為不斷突破例行公事的限制，邁向寬廣的想像世界，登上各種可能性的巔峰。大膽地起飛需要勇氣，靈魂也需要一個連自己都會吃一驚的大轉變，「飛進春天」這項舉動，甚至會驚動親近的好友和家人。

春天是一年中萬象更新的時節，嫩芽從土壤深處冒出頭，花朵則在新生小鳥啁啾聲中綻放，細雨溼潤了凍僵的大地。而一個在啓蒙階段的人，靈魂也擁有這股春天的潛力，靈魂內在的運作不斷突破提升來到新的層次，過往破損不堪的舊規範早已不敷使用，飽滿的種子就要發芽，生活邁向全新起點，再也無法回頭了。

這是讓一切自由的好時機，你內在的魔法正經歷一個深刻的轉變過程，對一切盡責、減低傷害，同時帶著一顆開放的心和翅膀去面對未知帶來的放空感，起飛正等著你。

覺醒的原型：皇后仙子

在三態女神神諭卡中，愚人牌的原型是皇后仙子，與凱爾特傳說中「祝福者」（The One Who Blesses）有很深的連結。所謂的仙子，在肉眼看不見的魔法界中被稱爲「眾母」（Mothers），而仙子們具有將物質世界轉化和變形成爲想像中神話世界的能力。中世紀文獻指出，仙子們實際上是眞正存在的婦女，中等身材並擁有超自然的知識與力量。在一些神話教義中，她們是神仙教母的角色，至於其它如印度和西藏傳統中，她們則代表了天女或智慧女神。

仙子在自然與人類王國間架了一座橋、開啓一個管道，讓精神界靈光乍現的火花可以在人類的靈魂中顯現。當一個人需要向那寬廣自由的力量開放，以獲得改變及創新時，會發現一條光的小徑早就鋪展在眼前，她將幻想及夢境織入現實，爲心靈打開一面透鏡，讓人得以看見全新的可能。仙子們觸碰希望和夢想的細絲，並將它們帶進我們能觸及的領域。不受重力的拘束，她們輕鬆愉快地將充滿朝氣、彩虹般的能量波動，織入自然界許多美麗的事物中。她們是我們最忠實的無形幫手，同時也喚醒人類和所有地球生命

心中純真的天使之歌。她們幫助我們活化魔法，作用於日常生活中。

你已經受邀來盡情展現皇后仙子的神奇特質，她現在正碰觸著你心中那盛開的夢想，有了她的祝福和引導，勇敢飛向你最深的渴望吧！織一件新希望的披風，讓你在全新的生命模式中漫舞。

日常作息

當你走上皇后仙子（愚人）的道路，時時覺察你內在的光。吸入彩虹的光彩，呼氣的時候，則想像這些顏色都有了具體形象，像是靈魂的花朵般，在你心靈之眼綻放，那些都是什麼樣的景象呢？當你沿著街道獨行，或在自然小徑中漫步時，注意那些含苞待放的花，而樹木、灌叢、花園裡萌生的新芽，都反射著你內在新生的潛力。

做一些與平常完全不同的事，大膽而漫不經心、改變你的穿著、嘗試一些令自己也驚訝的新主張，在你所做的、所看的所有事物上，都加一道神奇魔法光芒。同時，觀察鳥兒的飛行，將自己從日常成規的束縛中解放，張開雙臂往前走吧！感受那移動的自由，讓靈界的高頻震波觸動你的夢想，活起來！

自然藥方：鬱金香

春天的新芽完全展現了「飛進春天」這張牌的精華，而充滿光輝的鬱金香嫩芽——宛如自然界的金雞蛋——從黑暗的泥土裡孵化探頭。它們就像天使或仙子們在花園裡擺的各色酒杯，斟滿新生命的光彩，花朵中央的深色部位代表一種神祕的印記，表示一個人將開啟從未被探索的境界，窺視皇后仙子魔法中從未向人展示的各種可能性。光芒從黑暗中逐漸展露，

這就意味著「重生」。

靈魂訊息

　　天空中自由飛翔的鳥兒是我的圖騰，我張開雙臂去擁抱那可以捕捉靈魂的風，新地平線的耀眼光輝和全新視野正呼喚著我，我全然自由了。

1. 創意之歌
Song of Creation

你自己要成為那個你想改變的世界。

—— 甘地（Gandhi）

傳統塔羅圖像：魔術師（The Magician）

傳統解讀

愚人和魔術師都很熟悉超自然與經驗所不及的世界。愚人感受得到從無意識中浮現的各種新的可能性而歡欣鼓舞，魔術師則熟知那即將顯露的生命意識，能夠從各個面向去理解它。魔術師可以將愚人從那異想天開的

漫遊，帶回到清晰的意識之流，並讓奇蹟實際發生。魔術師幫助我們瞭解眼前這個物質世界並不是最原初的力量，它只是一個更大的、無形力量的產物。

這股無形的生命之力，在傳統的魔術師牌中以 8 字形、代表永恆的符號，顯現在魔術師發光的頂輪。同時，他在「生命平台」上以火、土、風、水四元素工作——即塔羅中的權杖、金幣、寶劍、聖杯四組小阿卡特牌圖樣——攪拌、施咒，製作一種能將奇蹟力量化為有形的魔法靈藥。魔術師安住在無意識的深處，在那兒，空間、時間、靈魂、物質、心靈都同時並存，而魔術師致力的神聖工作——萬物合一，遠遠凌駕時空二元、線性的概念，藉由那無上全能的力量，魔術師帶領我們觸及合一的完美。

煉金術與轉化

在三態女神神諭卡中，等同於魔術師的是「創意之歌」牌，它包含了宇宙的無形與無限的變動。圍繞在創造女神四周的螺旋形星群和那蛋形的金色光環，代表的是所有直覺想像、所有可能性所發出的恆常不滅的律動。在她前額散發出的藍色靈光象徵著第三眼，使她擁有明晰洞察的天賦。她的雙眼輕閉，因為萬物尚未在外界顯現，她心中孕育著金色的潛能，從那當中，魔術師的力量將會源源不絕湧現。創意之歌就是生命之歌，色彩、心靈感應、內在聲音、專注力等，所有都與這神奇的宇宙交響樂融合一氣。

在這創始之初，沒有任何事物可以停滯在一種遲鈍的狀態，女神散發的多彩靈光代表與多種元素共同作用，她的智慧之音交錯著不同顏色的區塊。這些既代表著抗衡也代表交互影響，既是對立也是調合。那創造運動的主旋律非常明顯，因為可以看見一股持續的能量，推動著靈感的火光在她全身流竄著。

覺醒的原型：三態女神

早在遠古世界中，代表生、死、重生的三態女神就不斷給予詩人、工藝家靈感。在歐洲，她化身爲繆思女神，而在愛爾蘭，她則以凱莉敦（Cerridwen）和布里吉德女神著稱，她是所有晦暗未知的啓蒙者，以她的力量爲世界施以神奇魔法。

「創意之歌」牌中的女神框在一個三角形中，那是爲了說明她的力量、專注和創造力，都是出自神聖三態——光、愛、智慧。像三美神（The Three Graces）一樣，繆思三女神將藝術的天份賜給她的信徒，繆思女神將她們的名字（Muses）化爲「音樂」（music）、「娛樂」（amusement）；同樣地也用作動詞「沉思」（to muse），意思是「向內探索以獲得靈感」。另外還有一種說法認爲最初的繆思三女神各自分身，誕生了文藝九女神，她們最後成爲守護希臘赫利孔山（Mount Helicon）靈感泉源的精靈。

三態女神是生命的靈光，當她化身成塵世的形貌，就成了聖女的原型。每個人都可以來到創意之歌中跳舞，女神舞動的震顫和感動將流貫你全身，她那愛的金色光輝則會在你心中燃起烈火，而正是這股熱情的力量，足以淬鍊創造力這顆黃金珠寶。

日常作息

當人類靈魂的動向成爲我們注目的焦點，一個嶄新的世界將在眼前展現，靈魂會融合所有個體，讓所有小我溶化，滲透到一個更高的領域。所有的作爲變得更有意識，而自我的獨特性將融入一個更宏觀的視野，在這個階段，心靈的遠大抱負要採取更積極，同時也更謹慎的步伐，往前邁入一個實現夢想的新旅程。

帶著遠大的抱負邁入一個具有創意的新行動，因爲眞正的繆思女神或魔術師所期待的是奇蹟發生。每天早晨醒來時，都應該滿心期待著充滿想像力的成就將會實現，同時接觸各種「靈性的工具」——例如各種聖靈牌卡、易經卜卦、冥想、唱頌。就像魔術師擅用「生命平台」上的四種元素，代表塔羅牌中的四組小阿卡納牌所具備的特質，所有創造奇蹟必要的因素都已垂手可得，幫助你實現神奇的事。

你內在的繆思女神已擁有各種必要條件，足以帶你邁入生命創意之歌，觀察創意之歌這張美麗的牌，會發現她充滿了靈性之光。用充滿啓發的文字、歌曲、舞蹈，來貫穿你生命中所有的事件。

自然藥方：伊西絲，彩虹女神

在希臘神話中，伊西絲這位眾神之后可以自由穿梭在人間及神界，向萬物展現靈性之美和愛。自然而然地，她那啓蒙的力量也發揮在女性身上，藉由她對生命三階段：出生、繁衍、重生的覺知，來平衡心靈和頭腦，她的魔法和創造性讓她自由地穿梭在生命各個領域，因此，人們把她和彩虹的印象連結在一起。

歌德（Goethe）藉由稜鏡的輔助研究色彩理論，他發現彩虹其實是光和影同時交織，也就是「光的明滅交替作用」產生。同樣的，彩虹女神伊西絲也展現著光、影和諧交替的彩虹般的意識，她的光可以穿透我們生存的陰暗處，讓內在產生光和影的交織作用，然後我們就可以尋獲自身的圓滿。爲了讓我們展現那崇高、充滿啓發的生命，現在就出發前往彩虹女神創意之歌的旅程。

靈魂訊息

　　靈感正在你內心發光，純淨而閃著金色光芒。每天，這意識散發多彩光譜圍繞保護著你，讓你具有藍色的清晰和洞察能力、黃色的燦爛生命力、粉紅的甜美、紅色的熱情、紫色的高層智識，你受到彩虹意識的全然祝福。

2. 聖殿

Sanctuary

沉默是真理之母。

——班傑明・迪斯雷利（Benjamin Disraeli）

傳統塔羅圖像：女祭司（The High Priestess）

傳統解讀

　　女祭司投射出來的是一個沉靜、包容、感性的女人，扎根在空間和時間之中。她管轄高層心智，並有能力從更遠的距離和寬廣的空間去檢視生命，她的意識就像輻射成網狀的光束，在這具象的世界中以多面切割的珠

寶形態展現。她連結了水元素、冷靜、陰暗、流動，以及月之力量，可說是生命的永恆之母。

她靈性純淨的光永恆不滅，既擁有人性的智慧，同時也包含宇宙法則的純淨生命力。她吐出這世界上第一個語詞，又同時具有伊西絲、伊斯塔、聖母瑪麗亞等女神所呈現的那種女性本質，她掌握了重生的鑰匙：即新意識的誕生。

煉金術與轉化

女祭司在三態女神神諭卡中被描繪成一個智慧女神，同時也是純淨的靈體，她帶來深遠的啟示：高層意識的萬靈丹即將被煉製完成。從靈性面向來看，她具有聖蘇菲亞的智慧本質，而身著儀式袍則表示她的靈性力量早已超越個人的身分。

這位女祭司不浪費精力期待、托付宿命，因為她早已選擇將女性神性展現在靈魂層次。在她右方守護著的羽毛突顯了她職掌的權限，同時也表示與鳥神原型之間的自然血緣，帶著一雙「全知的眼」翱翔在心智浩瀚的宇宙之上。她高高安坐在地表的寶座，在她之下，漩渦和蛇象徵著生命恆常不滅、時時變化的趨勢，而遠方耀眼的山頭既代表山峰，也代表極致的目標。

女性的神性擁有多重面向，實在很難以文字或圖畫完整表現，而聖殿這張牌的圖像，可以幫助瞭解啟蒙初期的狀態。男人和女人一樣，內在都擁有兩個極端的能量：行動與生產的力量，如前一張牌「創意之歌」（魔術師）與「聖殿」（女祭司）牌所代表的啟蒙力量，這兩股力量——就像太陽與月亮——代表著靈魂中的光明與暗影。

進入聖殿，你必須潛入無意識的黑水深處，因為萬物的創始都來自於

海洋——大海這張搖籃。就像每個獨立個體的胚胎，也是起於滋養新生兒的胚胎液，同樣地，無意識最後也會產生意識的世界。

覺醒的原型：女祭司

女祭司近來又再度在我們文化中崛起，有很長一段時間，在西方社會裡她都被壓抑和扭曲，但是當一個人選擇追尋內在的教導，並睜開雙眼去凝視內在的聖殿，這個原型就再度活躍起來。創意之歌牌為女祭司灌注了彩虹的光芒，現在她已經準備好來調和靈性聖殿與外在物質世界，並開始探索生命源頭深處的脈動。

深入奧義的核心——例如所有關於聖杯的研究——就是連結女祭司靈性根源的一種很好的方式，同樣地，到她的聖殿朝聖也可以幫助你完成相同的目的。聖杯的玄妙奧義，其實就是女神所具有的奧祕：她化身為萬物原初的母胎，投射在女人的身體裡，同時也存在所有生命中，她是男性、女性、全人類靈魂的本質，關於她的神話傳說是永無止盡的。

你已受邀進入三態女神寧靜的聖殿中，用宇宙之耳聆聽，並用閉上的雙眼去凝視、在心靈高深的虛實之境做夢、冥想靜心、全然靜止，讓奧祕深義召喚你。冥想、祈禱、唱誦或任何靜心方式，都可以帶你與自己更高的存在合一，讓你的身、心、靈、意識都可以與日常生活的深度產生連結。

日常作息

女祭司的原型並不一定要經由靜心或寧靜時刻才能呈現，她的出現是任何時刻都可能發生的。當必須做一個重要抉擇的時候，內在神性的智慧將會幫助我們找到正確的行動，我們必須學著辨識真理，不要讓恐懼和拒絕遮蔽阻礙，而不再信任內在高我智慧的護佑。另外，她也會在我們學習、

研究、寫作、作曲時出現，當我們孕育新生命、陪伴孩童歡笑、照顧老者的時候，她也總是和我們在一起。她深奧的智慧觸碰著我們生命體的外緣，那也是為什麼我們在接觸高層意識時，總是要保持挺直，更重要的是我們每日都要站直著身體去實踐生活，生命的每一天都是我們的聖壇，那是非常神聖的。

　　盡可能將一種靜心的氛圍導入日常生活每一天，在這氣氛下去觀察外在現實所產生的印象、感受、衝動，可以培養更高的潛能。從日常俗務、瑣事中暫時抽離，並不會造成你和熟悉的外在世界產生隔閡，相反的，這樣的靜修反而會讓你處理俗務時更堅毅。透過這種宗教式的修戒——融合了紀律與自我覺察——人類靈魂將會發展出一種嶄新而高尚的形態。

自然藥方：星星鬱金香

　　在三態女神神諭卡的第六脈輪牌中，畫在女神前額上的，就是美麗的「星星鬱金香」（Star Tulip），又被稱為「貓耳花」，象徵著第三隻眼及聆聽、共鳴、做夢的能力。星星鬱金香很適合用來凝視冥想，或取其花精服用，因為它可以敞開靈魂和心中的愛，這種花有很特殊的力量，讓人容易與陰性、女性的神性產生共鳴。它就像是自然界中的聖杯，將女性所有的神聖天賦都捧在那白、紫相間的花朵中。用你的心和靈魂凝視星星鬱金香的影像，讓意識全然與這自然甜美的珠寶合而為一。

靈魂訊息

當每一天

都是神聖的

每個小時

都是神聖的

每個瞬間

都是神聖的

大地和你

宇宙和你

生生不息且神聖

穿越時間

你將來到

光的聖境

——紀勒維克（Guillevic）

3. 生命的圓滿
Fullness of Life

不要忘記土地因感受你的赤腳而歡喜，

風也期盼和你的秀髮嬉戲。

—— 紀伯倫（Kahlil Gibran）

傳統塔羅圖像：皇后（**The Empress**）

傳統解讀

　　皇后牌與金星連結，同時也掌管土象的金牛座和風象的天秤座。這兩個星座的原型代表了皇后所包含的平衡特性，因為她既是大地能量（金牛

座）以物質形態呈現，又是宇宙知性（天秤座）智慧的化身。她很輕易地將這兩項明顯對比的特質，融入她那神聖的煉金術大鍋，而沒有落入雙重性格的下場。聖潔的她全身上下充滿著愛，藉由那包容一切的愛來調和所有相對、矛盾的力量，她繫住天堂與大地、陰與陽、靈與肉兩極力量，融合兩者直到某種新的東西誕生。女祭司以一種接納的姿態坐著，雙手下垂，將所有土地的祕密掌握在手中；皇后則向生命的圓滿開放她的身體，皇后可說是從女祭司的視野延伸出的魔法線。

皇后掌管「3」這個數字，代表著女性神聖三態。我們可以將她的身體視作三角形的底邊，如果沒有這個底邊，則其他兩條線從頂點延伸出來後將漸行漸遠，當這兩條線藉由第三條底邊聯結起來，三角形才得以成形。同理，皇后也穩固了所有神聖的意涵，她的本質就是將人類的經驗顯化在這世上，她讓神性的無所不在及超然存在成為具體可現。

煉金術與轉化

宇宙是從圓形、螺漩渦狀開始的，回溯歐洲新石器時代或更久以前，所有神話故事、碑文和人類的雕刻品，都不斷重覆出現這類圖案，而大地初始狀態及生生不息的物種也是以漩渦來描述。地球大圓、宇宙之卵、月亮、數字零、命運之輪、星雲、DNA 結構、地球繞太陽運行的軌跡、水面的漣漪，所有的種種都可視為一個微宇宙，展現那孕育萬物的原初大母胎。懷孕的肚子、圓潤的胸部、美麗豐滿的臀部都是生命循環的一部分，它包含了女性的神聖，同樣的神性也展現在自然界中的花朵、樹木、植物中。

西方世界基本上是需要和諧與平衡的，為了朝這平穩的境界邁進，我們必須要學習去擁抱持續變化中的自然韻律，也就是出生、死亡、重生三階段，我們必須改變頑固的征服意圖，因為那既不承認也不尊重最基本的

自然法則，只是一味地試圖控制和操縱。

這張牌描繪的是生命的圓滿，那懷孕的女神代表的是人性踏實而感性的一面，而她肚子上的大漩渦則象徵著死亡及重生：進入神祕的大地子宮，深入黑暗之境，然後再循原路出來。

生命圓滿女神最基本的法則就是愛，既透過她的子宮來表示生產，同時也透過她的心呈現了靈性的愛，在她心輪的位置，我們可以發現女陰符號，象徵著女性創造的力量，也是三態女神賦予萬物生命的象徵。這個符號在女神身上的位置正是一種隱喻，說明了生命真正誕生的途徑是穿越心的子宮，唯有這聖靈之愛才能賦予所有造物與生俱來的完美。

生命的圓滿就稱作納杜拉（Natura），是自然的靈魂，她的存在反映了整個自然界的奇蹟，她的身體就像葉子，充滿著完美的印記，是自然界的綠精靈。在啓蒙的階段，生命會開始將我們內在對於世界最深的信念及印記投射出來，這時，大地之母的原型意象可以為個人帶來極大的安全感，在不安穩的生命中讓安全的意識更顯露。無論如何，只要在你日常生活中喚醒了這大地之母的原型，大地的力量或你自身價值的資源就會被顯露出來。

覺醒的原型：大地之母與世界之母

大地之母是古代偉大的女神，經由萬物創生過程產下了她自己，同時也創造整個宇宙。她具體顯現生命的三個階段，分別代表三態女神：智慧老嫗、豐盛之母以及少女，她每個化身都如處女般純潔無瑕，自始至終「忠於自己」。直至今日，許多文化當中仍然根深蒂固地保存著母神信仰，崇拜著土地和母神各種化身，其中大地之母就代表了整個自然，也是所有生命的源頭。

大地之母有許多名字，在印第安拉科塔部族（Lakota）神話中，她稱為

「白水牛女神」（White Buffalo Calf Woman），在埃及稱爲伊西絲，而土著們稱她爲庫納匹匹（Kunapippi），意思是「萬物的母親」；她又稱爲蓋亞（Gaia），這位女性大地管家掌管農耕和整個生態，所有山洞中都存著關於她的神祕傳說，而她的意識之流、她的血脈則化作了瀑布與河流，她是一座美麗的花園、一片未開墾的荒野，也是寧靜秋日樹葉沙沙的聲響。你的身體就是她的殿堂，你的雙眼則像她那些穿透黑夜的星星，而你的笑容就是她愛的記憶。

你受邀請進入女神那感官的殿堂，感受你的身體，赤腳漫步在土地上，躺在溼潤的草地上，而當你靠近花朵時，聞聞這自然的香氛，當你攀爬山岳或在土地上種下植物的種子時，就如同觸摸著她的肌膚。

日常作息

因爲人類的頭腦總是覺得自己不配承受富裕豐饒，所以當要和大地之母合一，並接受她所賜予的各種禮物時，就需要更多對自身的愛。而生命圓滿這張牌給你一個機會，將注意力集中、扎根在身體的層面上；和大地之母一起合作是非常深奧的經驗，如果你愈能將探索深入經驗的核心，你就愈能理解自己和富裕的關聯。富裕對你來說到底意味著什麼？是的，它對我們每一個人來說意義都各自不同，無論它對你代表的意義是什麼，你都要在日常生活中準備好迎接生命的豐盛。你需要什麼？要如何獲得？你又願意失去什麼呢？

充滿壓力的都市生活或讓人筋疲力盡的家務，都足以妨礙身體成長健壯，這些打擊也會讓一個人關閉感受性，接著疲倦和無聊就漸漸占據整個生活。其實，有許多方式可以重新在每天的例行公事中找回生命的圓滿，只要確認一下平常你是如何對待自己的身體，也許該讓你的肌膚享受一下花香乳液的滋潤，或是泡個香氣十足的泡泡浴。有些人則是爲了讓他們自

己沉浸在大自然中，來一趟野外健行，星空下在清溪中沐浴，或是在野花田中閒坐，這些對靈魂都充滿了療癒作用，效果遠超乎你的想像。每天都試著感受大地的豐富，看著它創造彩色的魔法，記住，自然界就是你內在靈性潛力的投射。

自然藥方：石楠木

在三態女神神諭卡中，生命的圓滿這張牌的代表植物是石楠木，它是一種常青樹，形態有的是灌木、有的可長成小型喬木。石楠木令人喜愛的是它那曲折有形的樹枝，以及表皮帶著暗沉紅紫的色彩，許多鳥類都喜歡棲息在上面，一般說來，石楠木開著白色或粉紅漸層的鈴型花，而小小的果實長得像蘋果。

這種植物包含女性神性的多種特質：例如它會長出小蘋果狀的果實，蘋果自古以來就是豐饒、生產與感官享受的符號。它的樹皮像蛇一樣會不斷褪脫，露出光滑而色彩豐富的裡層，這代表了它能不斷重生、蛻變、讓老的死去、放下解脫，同時又能開花、結果。枝幹曲折有形，就像人生各階段不同的樣貌姿態，石楠花精非常適合用來保養身體，特別是有飲食失調的症狀，或很難與物質世界聯結時，它是很好的藥方。

靈魂訊息

願我的身體

成為一個

為世界祈福的祈禱杵

——瓊・哈立法克斯（Joan Halifax）

4. 平衡之路
Path of Balance

你看見了嗎？喔！我的兄弟姐妹，那既不是混沌也不是死亡，

那是成形、合一、計劃，那是永恆的生命，那是喜悅。

——華特·惠特曼（Walt Whitman）

傳統塔羅圖像：皇帝（The Emperor）

傳統解讀

前面幾張大阿卡納牌所揭示的，主要都存在於無意識的原始領域，而從這裡開始我們要進入文明的世界了，那些曾於內在創造的世界，現在要

往前邁進、實際付諸於行動。當一個人變得理性、專注、有秩序，涉入這世界又不至於陷入僵硬的信仰與傲慢的態度時，皇帝的力量將會顯得更強韌。前一張牌——皇后——渴望化身成為自然界一分子的那份渴望是與生俱有的，她的身體是個容器、是黃金聖杯、也是聖殿，準備接收日常生活的那份充實，當然也包括社會組織、公共責任等各種顯現的問題。

數字四，象徵圓滿與完美，在幾何學上可以畫成正方形——同時也代表聖十字——創造了秩序與穩健的實體，讓我們既能遵守有形的規範，又可以保持內在的自由及靈感。在天堂與大地這兩個領域，數字四都扮演了很重要的角色，我們最常接觸關於四的法則包括：羅盤上所指的四方、大地的四個角落、四元素（地、風、火、水），以及四季。

皇帝所代表的數字四在許多層面都可以領我們進入現實，三度空間中的許多事件，透過這條皇帝的平衡之路變得更具體化。我們可以想像，四方形的形成，是從三角形的頂點開始，那尖角展開之後加入一條新的直線，與底邊平行就形成了四方形，而這個過程也隱喻人類透過種種作為，在地面上複製了另一個天堂景象。

煉金術與轉化

平衡之路這張牌所描繪的，是一個馬雅祭司或女祭司頭上頂著一個甕，裡面裝著生命精華之液。在馬雅文化遺跡中，我們可以看見這個古文明一直努力將神靈界的品質融入地上的世界。一方面他們建造了如埃及金字塔般的大型建築，強調那屬於陰性神性力量的三角幾何形，同時又構築了許多運河渠道，供應社區聚落用水，也就是提供人們生命力量與安穩生活。

在許多古文明中，都可以發現人類在地上建造建築物，以滿足上天堂的渴望。例如，早期的歐洲布滿了哥德式的教堂與城堡，擁有許多螺旋結

構、尖塔屋頂、神祕的迷宮圖騰與地下洞穴，還有那以幾何圖形拼貼、華麗燦爛的彩色玻璃窗，這些都是人們渴望將建築空間與陰性神聖能量結合所做的努力，愈多這類令人昂首讚嘆的大建築興起，就愈有機會創造合一的世界。

大約在農業革命興起的時期，女神的地位逐漸淡出，人們開始膨脹自我的重要，同時也開始一場試誤（trial and error）演進的過程，當然這為人類、也為整個地球產生了好壞參半的結果。在人類追尋進化的過程中，恐懼逐漸支配人心，加上貪婪、縱慾、自滿這些對於主權的妄想，造成想要控制的慾望更炙熱，幾乎所有人類都參與了這個過程。而現在，我們必須原諒自己做了這些毀滅性的事，盡所有可能試著扭轉情勢。

平衡之路這張牌顯現了一個人走在神聖道路上的美與專注，那身體呈現一個四方形，代表即使重視形式與結構，人還是可以與自然保持一種平衡。圖中的小徑呈現鮮紅色，對應海底輪的顏色，而它滋養著盛開的花朵，代表人類與自然世界的融合與共生。

關鍵字是奉獻、服務，通往圓滿的道路是神聖奉獻的。而作為一個自己的統治者必須對自我主權擁有安全感，才能開創平和的道路，恐懼既無法從外在攻擊也無法從內在逆襲。啟蒙過程顯然已展開，在地球上的生存之道是虔誠與寬恕，每個求道者都必須讓自己成為聯結世界的彩虹橋，成為光的使者、大地的管家，學習砍柴、挑水凡事親恭的服務精神。

覺醒的原型：雅典娜

雅典娜的原型意象展現了女性邏輯、實用技術、敏銳洞察的一面。在神話中，雅典娜發明了許多工具，包括：犁、耙，以及許多發展農業、耕種的設施；另外還有馬的韁繩，作為農耕與戰爭用；船隻的建造，以便探

索世界並拓展貿易。由於雅典娜非常細心並且懂得運用策略，在她的導引下，平衡之路顯得非常崇高，她的目標是壯大自然的力量以完成高尚的成果，一方面她非常尊重自然界，同時又能顧及人類社會的實際需求。

如果必要，雅典娜從來都不懼怕獲取權力，甚至發動戰爭，她完美示範了當要完成計劃時，該如何同時運用直覺與知識。她理解人類為什麼容易傾向戰爭，同時 —— 帶著象徵她的圖騰、老鷹般全觀的視野 —— 她也看到了人類本能衝動、不成熟之下更深層的意識。當面臨挑戰時，總能保持著清醒的頭腦，有能力找到解決的方法，超越爭端。

雅典娜教導我們如何正確使用權力，而雅典娜型的女人們會是很優秀的職業婦女、諮商師、政治家，或是事業顧問。她的原型意象代表了一種可以介入現實世界，在這結構中建立新的潛能又不會造成損傷。

雅典娜在我們的文化中展現了一種正向的、男性的、陽剛的紀律，透過她，你可以以一種新的方式去探索權力的運用，無論男人或女人，在雅典娜的指揮之下都可以有很大的收穫。她相信真理、正義、榮耀，並毫不猶豫展開行動去推展這些信念，她以多種方式展現權力，但絕對不放縱導致掌控、暴力、霸權，她的每一天都走在平衡之路上。

日常作息

每天，我們都有機會觀察自己如何使用權力，透過社會價值、政治領導、家庭價值及跨領域全球性的互動中，也可以觀察我們在這其中如何運用主權及領導權。在這眾多的角力競技場中，權力是否讓我們安然自在？我們是否能正直並自制地運用權力？我們真正瞭解平衡之路的意義嗎？

在日常生活中，如果我們想要獲得更高層次的意識，必須要開始接受一個概念：從最極致的觀點來看，這社會並沒有權力的受害者與加害者；

要看透這點，嚴苛與真誠的自我檢視是很重要的，我們是站在什麼樣的高度觀察自己的生活呢？

生活中有律法和許多規則要遵守，而在這個認知的階段，每個人應該要學習在律法及權力的渴望中，融入更高層次的靈性品質，如果缺少自律及謹慎，那麼人性中存在的誘惑就會開始作用，開始忽視保持平衡及敏銳覺察的規則。總之，行動勝於言語，你的行為是否展現與自然共生的意願？在各種關係中是否展現智慧與寬容？你是否真誠慷慨？是否走在一條平和的道路上？

這張牌提供一個機會，讓你發現更高層意願的力量，並且展現在你的言談與作為上。每天你都可以選擇是否具體展現雅典娜的價值，或者活在平衡與自重的界線外。當你觀想自己被賦予權力的時候，身體有沒有哪個部分會覺得緊繃呢？試著找到紓緩並療癒這個壓力的各種不同方法，不要害怕擁有權力，權力就是力量、權力也是勇氣。最重要的是，當皇后這圓滿的生命遇上了皇帝 —— 平衡之路，這陰陽兩極的動能可以為這世界創造強大的力量：愛的力量。

自然藥方：橡樹

再也沒有任何一種樹木像橡樹這般被人們尊崇著，對德魯伊人來說，橡樹稱為「杜兒」（duir），在德魯伊文字中 D 這個字母，代表「力量」；而愛爾蘭語稱教堂為「德兒泰區」（dairthech），也是德魯伊語中橡樹的古老名稱，意思是「橡樹屋」。

橡樹有許多益處，葉子、木材、樹枝在古代的儀式和皇家祭典中都廣泛被使用，通常為了表揚英雄豪傑的英勇事跡，也會用橡樹做的飾品戴在身上，例如，為了獎勵羅馬士兵拯救居民的性命，會戴上象徵無上榮耀、

以橡樹葉與堅果製作的頭冠。

當一個人能夠經得起時間的淬煉、肩負重責大任，就會被稱讚如橡樹般強壯。橡樹也是三十八種巴哈（Edward Bach）花精中的一種，橡樹花精可以幫助平衡一個人，讓他不再背負整個世界的包袱重擔，這個花精的能量讓人學習什麼時候該放下，並接受自己的有限。透過橡樹，那主張維護權力的需求將會在陰柔的、心的能量中得到平衡。

靈魂訊息

道可道，非常道。名可名，非常名。

是以聖人後其身而身先，外其身而身存。

曲則全，枉則直，窪則盈，敝則新，少則得，多則惑。

—— 老子

5. 綻放的靈性
Blossoming Spirit

靈是生命，心是建造者，而身體是一切的成果。

——愛德·嘉凱西

傳統塔羅圖像：教皇（The Hierophant）

傳統解讀

大阿卡納牌第五張，教皇，是生命崇高典範的象徵，具備人性最極致的品質，能夠同時將大地四元素轉化成地球上所有的生命。昇華到這個階段最重要的使命，就是讓那陰性的神性能量或神格，具體呈現在有形的身

體上。當外在世界、皇帝版圖、平衡之路已經穩固建立，現在則要開始認真追尋更高的意義。熱切渴望一個新的平衡境界，尋找一個可以將大地有形世界的豐盛與更高層次的靈性律法，完全融合而一的可能。在傳統解讀中，這張牌讓人聯想到國家、教會，當一個皇帝擁有豐富的財富及權力之後，就必須在新的領域尋找慰藉與生命意義；對靈性的修行者來說，現在要尋得更重要的意義並與聖靈結合，以照亮未來轉化的道路。至於這張牌的原型意象，則可以在各種不同的信仰崇拜中看見，如教皇、祭司、修女、和尚等，而一家之主或一般的信徒也符合這張牌的原型。

煉金術與轉化

成長到這個階段可稱爲「神靈顯容」（the visible face of God），因爲一個人這時已經賦有神性優雅的品質。這個恩惠、這個「光之袍」會降臨在一個已經非常熟悉愛的無限力量的人身上，宇宙的智慧也與他的內在完全融合，這充滿靈光的美，只有在一個人理解了自由與有形更高的法則之後才會存在，教皇牌就是來療癒那僵化的信仰及被誤用的皇帝權力。這個階段，提醒人們身、心、靈合一是永不消失的目標。

圖畫中出現的是智慧之女，覆在她身上的是散發靈光的智慧，整個自然世界在她體內鮮活顯現，因爲她已明白自己與自然、自然的靈魂完全合一。她以跪姿對那降臨身邊的神聖之光表示崇敬，美麗的綠色靈光代表心的力量與第四脈輪的能量，已經活化並產生共鳴，成爲眼前修行旅程的無限資源。

在這個啓蒙階段，所有的生命都可能獲得神性火光的精華，或稱爲無盡的祝福。然而即便神性已經喚醒，這張綻開的靈性牌代表的仍是人類，而她的光芒將彌漫到日常工作中，並幫助她做出各種抉擇。物質世界與靈

性世界強烈地企盼統合，但一直以來這統合在全球各信仰中，不是被過分抬舉就是被貶抑。在綻放的靈性牌中，我們看到的是神性以正向的形式介入，讓靈性與物質的統合在人類心中發出幸福的火光。

覺醒的原型：光之聖女

萬事萬物的核心所散發的光輝，基本上都帶著陰性特質，例如，基督的神光反射著聖母無條件的愛，而那隱匿不現的女神——雖然有時可以從灑在大地上的太陽光影中覺察——最後還是會以「世界之光」的形式展現。那造物的光輝，其實是從人們所擁有的愛中所生，而愛的根源來自於大母神，她與自己結合，接著從她那神聖的母胎中產下了太陽之子。

這形成萬物的聖光也在無數女神的原型意象中閃爍光芒，稱為「光之聖女」（Virgins of Light），其中猶太祕教所稱的舍吉拿，就是神在人類面前以女性之姿呈現神聖之光，她讓我們從內在感應神的本質。當她穿上靈性的外衣，那聖袍和面紗其實就是我們所熟知的世界，而她的光輝如此廣布、以多重樣貌呈現，因此也以「天籟之音」（the Music of the Spheres）或「生命之樹」（the Tree of Life）來形容她。

你可以在每天的日常生活中與綻放的靈性相會，每天那等待啟蒙的種子都在尋找肥沃的土地以孕育成長。各式各樣的靈感和創意都已蓄勢待發，將在你生命中萌芽，天堂聖母散發的光輝包覆著你，而你最終極的命運正綻放著喜悅。

自然藥方：當歸

當歸這種植物又稱為天使之根，好幾世紀以來都被東方及西方的療癒師用來作為靈性的藥水。整株植物以及它的根系都穩穩扎在土地中，那傘

狀的花呈現白綠微光，就像天使散發著守護的光暈。它深入地下的根系，象徵在土地穩實扎根的重要性，而它那高雅的傘形花則代表了圍繞在周圍，保護、指引我們的光。

　　當歸可以製成花精口服，也可以製成油塗抹身體，它的花能激發療癒力，增強一個人與神、靈性導師連結的關係，也能夠讓一個人在靈性修行及俗務間保持平衡、真誠。

靈魂訊息

大地，我們自己，

呼吸而覺醒，

葉子舞動著，

萬物都在流動，

新的一天來臨，

生命重新開展。

——印地安波尼族祭詞（Pawnee Prayer）

6. 敞開心

Open Heart

這就是愛：飛向神祕的天際，讓成千上百遮蔽的布幕落下，

先學著放手讓生命消逝，最後，跨出起飛的一步。

——魯米

傳統塔羅圖像：愛人（The Lovers）

傳統解讀

　　愛人牌與數字六有關，同時也擁有忠誠、承諾、結合的品質，畢達哥拉斯認為六這個數字是第一個出現的完美數字，因為它是由它的組成數

（1、2及3）加起來成為自己。傳統上，代表六的符號是一個六芒星，由兩個重疊的三角形：一個朝上、一個朝下組成，其中朝上的三角形代表陽性的火熱神性能量，朝下的三角形則代表如水般陰性的神性能量；兩個三角形加起來，象徵煉金術中陽性與陰性的結合，也代表相反的兩極達到和諧一致。

煉金術與轉化

透過陰性與陽性神聖能量結合的觀點，靈魂對所謂的愛可以達到一種更直觀、更親密的認知，明白這是最高的狂喜境界。內在的神聖結合會呈現一種更大的、宇宙性的歡欣愉悅，因為那內在的神性之愛與智慧最終會向外滿溢而出，與整個宇宙、每個寶貴的人類靈魂融合，並且帶著一種令人崇敬感激的寧靜與清晰感受，整個世界的靈魂都歡欣鼓舞地慶賀這愛的最高呈現。

牌中所繪的是一個美麗女人懷抱著初生的愛苗，她輕撫著愛苗將它靠在心上，身體外層像著火般散發著震顫的生命能量波，慢慢從地面穿透她的身體往上升起，這是譚崔能量的光；譚崔是充滿靈性愛的藝術，一直以來在東方靈性啟蒙的流派中由導師傳授。這火光照亮了掌管創造和生殖的第一、第二脈輪，她對性的渴望也就此與神性的愛融合。她的上半身呈現藍色，那是代表真理的顏色，看起來就像那廣闊的天際與她的身體交融在一起，而小小的圓月在她身體內發光，這內在月光代表著她原初所擁有的真實，並揭示那無窮盡愛的泉源本來就是她與生俱來的，是女性神聖能量所賜予的禮物。

在這個啟蒙階段必須伴隨奉獻與承諾，因為這裡會遇到一些人類靈魂不容易理解的課題，每個人現在必須往內去尋找並擁抱愛的本質，要避免

受到誘惑而向外尋求。每個人都是一種盛裝神性的容器，我們選擇一個深愛的對象去分享親密的生活，其實只是反射了我們自身愛的本性，如果我們遠離自身往外尋求愛，那麼只會遭遇幻滅與失望。真正的愛需要紀律、承諾與耐心，那是一個鍛煉自我的道路，是一種慈悲與寬容的奉獻。

覺醒的原型：愛芙羅黛蒂，愛與美的女神

在希臘神話中，愛芙羅黛蒂是掌管愛的女神，從海中誕生，她將愛的歌曲送給女人及男人。在神話中，風與海浪將她帶到了塞普勒斯，這座島嶼從此成為她的家，而當她一踏上土地，各式各樣的花朵就圍繞她腳邊盛開。她誘惑男人及男神到她的玫瑰花床上，因此，許多激起熱情的毒藥或香水都以她的名字「愛芙羅黛蒂」為名。

其實愛就像我們的呼吸一樣貼近，像潮起潮落般自然，像陽光普照大地般簡單平凡，然而因為我們的頭腦太容易陷於矛盾的二元觀點，因此將它變得太複雜、疏離，最後成為一個遙不可及的難題。事實上，忽略了愛的自然本質是造成人類痛苦唯一、也是最主要的原因，所以，當我們接近愛的時候，要仔細覺察沉思，花點時間想像愛的兩種向度：水平的愛，受到時間與空間的限制及框架；垂直的愛，代表與無條件、無窮盡的靈性結合。人類往往受限於水平向度的愛，一直醞釀想要擁有的慾望，占有、操控一個「愛的物體」，這樣的狀態，其實都是被恐懼所驅動，注定要失敗。

愛芙羅黛蒂為人類帶來垂直向度的愛，她的愛不受時間限制，它是無止盡、永恆的，而且深深地被填滿著，它每一天每一刻都擁抱著我們，安住在我們心中。當一個人已經可以在他的靈魂體中充分掌握愛自我的真義，他的愛隨時可以無條件地向外滿溢漫延。而愛芙羅黛蒂這個原型意象所具備的愛的品質，就會從非二元對立、自由的超凡境界升起，與她的愛結合

可以獲得圓滿，因為她就像一座橋，在那金色的光芒中將分離兩極的陰性與陽性連結合一。

你已經受邀進入這位女神的黃金聖殿中，當我們被愛芙羅黛蒂觸碰，就被包圍在一陣喜悅的震顫中，讓愛芙羅黛蒂的愛情仙丹灌入你的心、你的聖杯之中，直到它溢滿無限感官、自由、慷慨，以及對你自己和他人無條件的愛。找出更多時間好好照顧你的身體、頭髮、服裝打扮，以及你周圍的環境，大膽地成為你心中那銷魂的美神吧！

日常作息

愛芙羅黛蒂與所有優雅、可愛、溫柔體貼、愛慕、感官的事物都有關，當我們在日常生活中遇到這位愛神的原型意象，就有機會讓我們的心輪，也就是身體第四個神聖能量中心作用。當這個脈輪產生阻塞、受到兒時創傷的干擾、失去摯愛、被拒絕、心碎或恐懼親密關係，一個人對於接受愛就會產生困難。

有一種很好的練習方法：敞開心胸向天空張開雙臂形成一個杯子形狀，想像你被神性之愛的煉金仙丹填滿，讓愛芙羅黛蒂的光芒貫注到你的心。我們常常會忘記自己愛的力量，藉由你的行動將你的愛供給這個世界，無論那行動顯得多微不足道，你將會發現人們無法拒絕你，因為你那充滿愛的態度將會散發無限喜悅，可以療癒他人並蔓延擴散。

每一天，當你走在愛芙羅黛蒂這條愛的道路上，花點時間感激、敬仰自己那敞開的心，在家裡點上一個蠟燭象徵你想要與世界分享的純淨之愛，這火光將時時提醒你內心擁有那發光的熱情。

自然藥方：玫瑰

在大自然魔法花園眾多花朵中，玫瑰是最受崇拜的一種。在祕教中它的意義與蓮花相近，兩種花都象徵陰戶，具有創生、母親的神祕意義。玫瑰也讓人聯想到金星，因為它的五重瓣代表了愛情之星，居住在女神的心中。另外它也與聖母有關，那美麗綻放的花朵就是一種神性的具體展現。

玫瑰油具有最純淨的能量，它可以打開心輪、開展靈魂。玫瑰的花刺與花朵的甜美形成明顯的對比，象徵一個人必須忍受苦難和痛苦，才能經驗並懂得最甜美的真愛。

玫瑰花叢的根總是深深扎入土地，若要將花叢拔起是非常困難的，正因為玫瑰花叢具有這麼頑強的生命，可以忍受惡劣的氣候，一個人如果有純粹的、對自我的愛作為基礎，也可以像玫瑰一樣克服巨大的艱險困難。

靈魂訊息

> 將我的心填滿愛，
>
> 我的眼淚就會化為星光。
>
> ——海茲拉特・伊納雅（Hazrat Inayat Khan）

7. 回家的旅程
The Journey Home

我展現了菜鳥的第一次飛行，這初試啼聲的努力顯得很虛弱無力，
但是當翅膀愈來愈適應一切，就能變得強壯、能體會飛行的自由，
不需要太多的力氣就可以翱翔在高空、旅行到很遠的地方。我聽
見這些字句：信念來自於練習，憑著信念活下去，直到這信念成
為岩石般堅固，再也沒有什麼可以動搖，然後，從靈性中會發現
真正的自由。

—— 艾琳・凱迪（Eileen Caddy）

傳統塔羅圖像：戰車（The Chariot）

傳統解讀

　　每一趟旅程都提供無數的機會，讓一個人產生新的覺醒，甚至可能從此永遠改變生命。戰車的意象在心裡產生許多聯想，例如希臘神話裡，統御天國的太陽神阿波羅，就是架著一輛燦爛光輝的黃金戰車。戰車開創了一條路，讓我們看見自己內在深處，有機會去發掘埋藏在內在的資源。勝利和勇氣只是一種表徵，為的是展現更宏大的、更有意義的某種東西，畢竟激勵人類所有行動、成就意識的，是來自內在世界的力量。

　　戰車——象徵數字七的力量——事實上是被無意識的力量所統御著，推著一個人往靈魂的深穴前進。數字七在本質上是很神祕的，當受到這個數字的力量影響時，一個人通常會進入靜默獨修或沉思冥想的狀態，因為總是會產生一股對內在知識以及深沉體會的渴望。

　　在這個階段，愛人牌所象徵的神聖結合已經在精神領域落實扎根，形成一個容器、或狀似子宮的結構，這會讓一個人的生命顯得圓滿，因為這時陰性與陽性能量達到平衡，並提供一個很穩固的基礎，讓人可以在世界中展現更高的能力。在大阿卡納牌所展現的這條智慧的王者之路上，戰車將我們帶向下一個七的循環，重點從較原始、個人的昇華，轉移到較精煉的、關於開悟及奉獻的原則。

煉金術與轉化

　　戰車在人類意識發展的過程中，標記了一個重要的轉戾點，因為，正是在這個階段，個人開始意識到他或她獨特的存在，並開始尋找回到靈魂、回「家」的路。這通往內在意識的旅程在生命中畫下一個記號，這一刻成

熟到達一個新的層次，每個人也必須開始面對個人化的種種挑戰，一般人都會向外尋求個人的身分認同，然而諷刺的是，生命在宇宙中的重要意義，往往要從內在尋得。

回家的旅程這張牌所畫的，就是前進的靈魂力量，以一個飛翔女神來表現，她的身體周圍被象徵靈性嚮導、展翅天使的白鳥圍繞著，而旅程的目標——月亮，則象徵人類那陰柔似水、情緒化的內在世界。從星象學的角度，月亮帶著人類靈魂的印記和所有記憶，女神的雙臂向前伸展，擁抱月亮那圓球狀的光輝，象徵著她想要回「家」、回到那形成靈魂體的源頭。從這個觀點來看，一個人已經全然開始參與陰性神性能量的靈性議題，那藍色的天空象徵她在追求更高的真理，白色的鳥則象徵純然的自由：那從內在升起、尋求靈性與物質和諧融合而產生的自由。

在這個啟蒙的階段，靈性的求道者開始試著去尋找並建立自己與這世界的關係，為了完成目標，一個人必須將自己從那外在世界虛幻無常的本質中抽離，回到流動但永恆的狀態。當人類依舊以原始的方式停留在悲喜交替的生命中，他或她就很難體會那永恆不變、超知覺的世界，唯有學習進入那靈魂的媒介、活出直覺性的自己，總有一天你才能成為一個最單純的覺知體。

屬於我們的、那永恆不變的本質，與世上萬事萬物不變本質之間的關係，必須要獲得全然的理解。例如，當我們觀察一個石頭、一棵植物、或星星，問自己一個問題：「在這虛幻的形體中，存在著什麼恆久不滅的真實呢？」事實上，每片葉子、每隻微小的昆蟲，都可以向你揭露那肉眼看不見的永恆祕密，只要我們的視野開始被導向靈性的層次，當一個人打開了靈魂的窗、往內在探索、去追求宇宙的真實，那麼，周遭遇見的每一個形體、每一道火花，都會是回到靈魂、回家的旅途上的風景。

覺醒的原型：鳥女

在許多不同的文化中都可以發現具有禽鳥形體的女神，最早的鳥女（Bird Woman）畫像是在法國拉斯科洞窟（Lascaux Cave）中發現的舊石器時代壁畫，時間可追溯到西元前兩萬年前。其他包括紐西蘭的毛利（Maori）神話中，也提到鳥女的形象，這些女神──被許多帶著禽鳥面容，象徵鷹隼、貓頭鷹、烏鴉、鴿子力量的女人包圍著──她們扮演天堂與大地之間的信差，帶來預言徵兆，與天上的保護者及導師溝通，並攜帶著覺醒靈魂的精髓。

鳥是一個意識擴展的符號，自古以來就與輪迴轉世及重生有關。事實上，拉丁文「aves」同時具有「鳥」和「祖靈天使」的意義，而在佛教傳說中也有類似的比喻，據說一個人若要開始轉化的旅程，必須先「羽化」或有鳥類伴隨。鳥類歷經兩次誕生，第一次以卵的形式出生，然後再從其中孵出，同時，鳥類──就像天際中飛行的戰車──追尋著它的任務，並在生命循環的不同階段中，保持航線不迷失。

現在，請你展翅飛進靈魂內在的天空，讓旅程延伸到最深的真實與智慧之土，超越個人驕傲的自我，在這片嶄新覺知的天空中尋求慰藉，就像佛教中的空行母（dakinis）──又稱為天人（Sky Dancers）──在蓮花光芒照耀的天堂殿閣中安住。

數字七是非常神聖的，這傳統起源於密特拉教神話（Mithraic Mysteries）中提到的天梯，總共有七個踏階，每一階由不同的金屬打造而成，並對應七大行星與它們的守護神。來到這裡，你應該開始認識自己的旅程，然後，直接飛入那自我覺知、重生的狂喜之中。

日常作息

　　每一天，從靈魂深處會升起許多機會，讓人得到更清晰的理解與認知，然而在每日的例行公事中，我們在同一條路上開車、騎腳踏車、慢跑，日復一日，漸漸地，我們對於圍繞在周遭神奇而又神祕的事變得盲目。我們總是匆匆忙忙，生活被那外在的、人類發明的時鐘催促著，最後終於消耗殆盡疲憊不堪，一旦有這種一成不變不停運轉的狀態存在，就會產生更多這一類失心盲從的工作，然後在一個封閉的迴路中不停惡性循環著。我們好不容易達到物質世界的成功，當然會想要繼續這種忙碌的生活方式，以維持我們已擁有的身分地位。

　　回家的旅程這張牌在一個很幸運的時機來到你眼前，因為昇華到下一階段的呼喚已經在你心上敲門。該是時候慢下來，打開門見見你的命運，讓自己沉浸在大自然裡。帶著全新的眼光觀察生命的神祕，有沒有看見綻放的花朵在那實體的構造之外，正散放著燦爛的珍珠光彩？魔法正醞釀著，而你已踏上回家之路。當你超越那疑惑的陰影，就可以知道自己比肉眼所見的形體更多，而這正是發現身、心、靈之間連結關係的最好時機。

自然藥方：流星草（圓葉蘭香草）

　　這美麗的小花代表的是一顆星星、彗星，或是一輛戰車劃過天際射向地面。流星草提醒你，你帶著許多很特別的天賦及才能來到這片大地上，同樣的，也肩負著獨特的任務及命運。這小小的戰車或流星，是一個美麗的隱喻，告訴你要選擇哪條道路去理解自己的命運，不要遲疑，直接進入事物的核心，每天都要活得像是最後一天。

　　流星草的花精可以幫助你發現靈魂真正的化身，這時，你可能會感覺

與某種植物精靈或元素產生很深刻的連結，在你周遭的物質世界突然擴展開來，構成萬事萬物的小小分子都開始愉悅地顫動與跳舞，這不是肉眼可見的，但你那覺醒的能量可以直覺地體會到。

靈魂訊息

讓我們穿越恐懼的面紗，

為彼此照亮路途。

那引導我們的神性

存在我們內在，那是我們的家。

—— 奇蹟課程（A Course in Miracles）

8. 力量

Strength

當我們贈與別人食物，自己會得到更多力量；

為別人披上衣裳，我們會讓自己更美；

而當我們提供純淨、真實的住所，我們會獲得更多寶藏。

——佛陀（Buddha）

傳統塔羅圖像：力量（Strength）

傳統解讀

力量牌與許多神奇魔法有關。啟蒙的過程——經過戰車的歷程——已

經回到靈魂的家，現在應該要延伸觸角，向各種新體驗所產生的影響保持開放。這時個人的慾望已經歷過淬煉，那些追求權力與影響力的動機——在傳統塔羅牌中以獅子的形象代表——現在已經可以被馴服並人性化。野生動物通常象徵一個人的自我圓滿，因為牠們對自己的本能、野性非常真實，既純粹又赤裸。就如同傳統塔羅牌的解釋，這位力量之女扳開獅子的大嘴，將自己的生命交付在「野獸之愛」的手中，她就像是一個擺盪的計壓器，努力在自我的意志與神性意識之間尋求平衡，當她的意志臣服於獅子，獅子也以溫柔回報。

見證這神奇的互動之後，我們可以用一種新的觀點來理解力量，所謂真正的力量，其實是「愛的力量」而不是「力量的愛」，那不是一種外在的現象，而是源起於心的純淨能量。圖畫中的獅子，與星相學中的獅子座相關，也是掌控心的能量，同樣地，力量之女代表的是那股源自於心、形塑美德、掌管人性的女性神性能量。在力量牌當中，可以很明顯地看見人類靈魂與愛的渴求之間的連結。

煉金術與轉化

人類的身體外型展現在萬物眼前顯而易見，然而，靈魂的經驗卻非常私密獨特，屬於每個人自己獨有，除了內在洞見之外，平常不為外人所見；在啟蒙的過程中，經歷了各種不同的昇華轉化階段之後，外在世界已經開始向內在感官揭露它們的奧祕，而人類與自然之間也誕生了一種新的和諧。

在三態女神神論卡的力量牌中，可以看見一個具有厚實體型的女人，除了一隻腳的部分露在外面之外，全身都包覆在一個淚滴狀的圓形體中，她的右腳跨出那「宇宙淚滴」之外，表示已經準備好去面對這世界並承受種種有形之苦，她看起來就像正要踏出女神安全的母胎，運用真正的力量

為世界奉獻服務。她坐在一個卵形的岩石上，象徵大地的種子，裡面包含了永恆的印記；至於從她的心飄出來的紫色羽毛，則象徵她的靈魂所擁有的溫柔本質，與此相反的是她背後的大山，象徵不可動搖的堅毅力量，真是名符其實的「強壯如山、輕柔如羽」。

在這個啟蒙階段必須在每天的日常作息中，實踐前一張牌「回家的旅程」的智慧，因為踏進力量牌之後，對一個人的個性會出現真正的考驗，你將怎麼使用你的權力？怎麼運用你的意志？你又是怎麼理解自我意志與神性意志之間的關係呢？

當你踏入意識鮮明的世界，必須要推自己往前，超越過去的限制，並開始展現你自我修練的技術與成果；然而，當你施展這些成就時如果缺少了心的力量，終將是一場錯誤，就如同那象徵靈魂甜美溫柔的紫色羽毛，必須包圍著你所有的行動，而力量這張牌就是一份保證，保證你在遭遇這物質世界的各種挑戰時，可以有技巧地成就最大意義。

覺醒的原型：大地之母

關於我們大地母親的故事有太多太多。當力量牌顯示你真正的目標與命運而讓你開始覺醒，記得要像她一樣為這世界創造新的樣貌，充分運用愛的力量。當你揭開虛幻的面紗與這世界真實地相遇，你會感到圓滿無缺，所有事物都充滿可能性，甚至移動一、兩座山都輕而易舉。

對於大草原上的拉科塔族來說，白水牛女神就是大地之母的化身，她教她的族人關於美德的更高法則，向他們顯示通往純淨心靈的方法。她的傳奇已經儀式化，在今日，崇拜她的族人會舉行一種祭典，通過木製菸斗的碗形菸槽，可以帶領信徒來到大靈（Great Spirit）面前，而那碗形的容器——可看成美國印第安民族的煉金術大鍋——既代表土地、也象徵人們

的心，據說它甚至還包含了整個宇宙。白水牛女神激發拉科塔族的人們超越自私慾望與貪念，走向純淨之心的道路，她像個使者來到這世界，療癒了大地。

　　大地母親女性的形體中所具有的力量，在全世界無數的傳說、神話中都被崇拜著，而這些文化傳統中的故事，事實上是來自土地本身，因為她既是我們最古老的靈感泉源，也是我們最好的老師。在地球上所有的造物中，最常被用來展現大地母親力量與威嚴的就是山，在每一塊土地上，山常常都會被指認出許多不同形狀，如乳房、肚子或是陰戶——眾神的天堂。

　　長年白雪罩頂的山頭，往往被視為哺乳的乳房，是土地營養的來源，同時，一般認為大山之母（Mountain Mother）也是生命之水的源頭。在印度最古老的三態女神：雪山女神帕爾瓦蒂（Parvati）－卡利（Kali）－烏瑪（Uma）被稱為「喜馬拉雅山的女兒」（Daughter of the Himalayas）。另外，金字塔被視為人類建造的山，用來獻給女神作為婚禮中的寶座、大地上的母胎以及聖壇。

　　力量牌的出現，就是邀請你進入大地之母的聖壇，在其中，女性神性能量的力量與純淨被儲存、活化，並不斷更新重生，無論男人或女人都可以取用這份神聖的資源。當旅程深入人類的靈魂，與自然的一種新的強韌連結就可能形成，那強韌力量誕生於心，而人的心則安住於大地之母的母胎中，她以各種方式展現力量，其中最重要的是她精煉了人們那粗野、侵略、原始的力量。在牌中描繪的女人正是這人性化過程的象徵，她既沒有翅膀也沒有皇冠，全然呈現凡人樣貌，她的使命就是精煉人類的本質，並敞開與這世界相連的各種可能性。

日常作息

有許多加強與土地、與你的生活方式、與命運產生共鳴連結的方法，其中，與自然連結是最能夠接觸女神的方式，藉此你將敞開心的大門，發現新的勇氣。有些人可能從來就不知道生命力這件事，因為西方的文化一直以來就與大地之母的原始活力切斷連結，一旦海底輪阻塞並受苦，一個人就很難穩穩站在土地上，並從女性神性的能量中得到力量。

三態女神神諭卡力量牌中的女人，展現了精煉直覺力的行動，請你也開始做同樣的修練，練習運用內在的土元素能量，努力讓你的生活與自然建立親密關係，常到山中走走、接觸野外的樹木、讓風輕拂你的皮膚，彎下身，讓雙手捧著春天剛冒芽的花苞，在荒地上仰躺看月升月落，讓大地滋養你，向她敞開你的心，而你的力量便得以回復。

自然藥方：山驕女

山驕女（Mountain Pride）是生長在內華達山脈（Sierra Nevada）高海拔地區的原生植物，它那豐盛、玫瑰紅色的花朵呈現管狀，象徵號角響起催促著人們起身行動，那濃豔的紅色代表了對人性豐富的愛，而這種植物厚實的基部，則象徵穩固扎根的能量。

山驕女的花精可以幫助一個人開始採取必要的行動，特別是與生活工作及目的相關的範疇。在這個世界開始昇華的時期，人類的靈魂躍躍欲試，開始回歸知識的源頭，山驕女帶著一種靈性戰士的原型能量，它的花精可以激發一個人內在的力量、勇氣與信念，同時又強化來自心中愛的力量。

靈魂訊息

山驕女帶著貴族般的美，

教導我以自己的責任為榮，

實踐我所言並帶著愛，

追尋我的旅程，

一條新的道路。

——伊莎·勒娜

【選自《花朵的力量》】

9. 祖先

Ancestors

正是在這樣的孤獨中，最深刻的行動才會開始。在這裡，你行動但不
需任何作為，你勞心勞力卻得到更深沉的靜養，眼前景象晦澀，視野
卻愈顯清晰；超越所有渴望之後，這份圓滿不再受限、將成為永恆。

——多瑪斯·牟敦（Thomas Merton）

傳統塔羅圖像：隱士或老嫗（The Hermit or the Crone）

傳統解讀

大阿卡納牌所呈現的這條成就智慧的王者之路走到了這個階段，終於

來到隱士穴居的核心地。在力量牌中，求道者可以在每天的日常生活中，找到腳踏實地的安穩感受，不斷累積的想法及策略，可以支持那充滿力量的行動。當你來到一種新的權力結構中拉扯時，所有虛假的權力模式將無法持續，因為那些都逃不過一個覺醒者的視野。在這階段，調整與重新檢視是主要的課題，請你進入隱者的世界，他將引領你走進狀況的核心，並照亮那些必須要被看見、被注意的事。當我們來到生命的核心，也許會發現有些事全盤皆錯，讓人感到空虛、沒有方向感；也許只是覺得該暫停一下，以便從內在徹底更新或充電。在這個階段，一個人開始進入潛意識於內在風景中思索，而隱士會在潛意識裡亮起一盞燈，照亮內在核心那全新的成長發展之路。

九是隱士所屬的數字，同時也是三的三倍，也就是說，三號牌的「皇后」能量，必須跨越整個女性神聖能量的三態轉化，才能到達這老嫗般的成熟能量，而這張隱士或老嫗牌事實上也是女神三態中的一個面貌，象徵一個人已經在潛意識中做好重生的準備，即將進入生命新的智慧、奉獻的層次。

煉金術與轉化

圖中畫的是一個蒼老的女人，她已於存在的核心中找到自己的中心，她雙臂張開，手掌朝地，正在感知從大地深處散放出來的螺旋能量；她穿的衣裳是相應海底輪、充滿熱情的紅色，表示她與土地深深地連結著，而整個身體在那紅寶石色的大地母胎中發光。在她的洞穴或內在的宇宙中，圍繞著祖靈的符號，包括：埃及的生命之鑰（ankh），既象徵鏡子又代表生命；蛇，永恆生命及蛻變的符號；太陽，代表了人性意識的光，以及各種動物圖騰等。她滿頭柔軟蒼白的頭髮，代表了意識的成熟，而這只有經

歷了時間、耐心、經驗、堅毅忍耐才能獲得。

　　啓蒙過程到達了這個點，必須伴隨著持續的靜心、冥想與靜默，從這當中，內在洞察及啓示才會顯現。有趣的是，啓示「revelation」這個字源自於「revelatio」，意思是「蓋回面紗」；許多智慧之女或老嫗的原型意象常常都少不了面紗遮蔽，代表了在她生命之器中，藏著遠古世界的真實。在這忙碌的社會，很難找出時間讓步調慢下來感受寧靜，然而這寧靜卻是帶領一個人進入內在旅程的重要關鍵；當你到達這個淨化與成長的階段，試著小心設下界限是非常重要的，因為唯有暫停外務、往內踏上那隱蔽在無意識中的旅程，才能獲得內在的知識，並為將來覺醒之路打下基礎。

覺醒的原型：智慧之女　老嫗

　　老嫗向我們展現的是生命偉大的祕密，傳統上她代表了女人更年期之後的生命狀態，或者也可以說是完成使命的時期。她是暗月女神，從豐富的生命經驗中收獲、累積，成為內在智慧。在從前的傳統中，來到這個生命階段的人都將啓蒙成為母親、療癒者或是長老，這些角色往往都受到族群的崇敬與尊榮，因為他們已掌握知識的精華，懂得預言與儀式。

　　從女孩／母親（男孩／父親）這個階段轉換到更高層次的長者，通常都需要穿透生活表層，去探索內在深藏的寶藏，而這個循環也建構了一種療癒作用——一個人開始可以與內在精神細微交織的、各種累積至今的生活經驗接觸。那古老的智慧之女／老嫗代表的是一種原型能量，可以在生命任何階段發生，你不需要等到過了更年期或過了五十五歲，才能達到這充滿力量的位置。無關年齡大小，在我們的生活中，都會遇到有些時候必須進入黑暗的靈魂之穴，以便於聆聽那轉化與蛻變的召喚。

　　在這時期，開始作用的內在工作會啓動業力因果，並影響外在行為，

為未來的生命帶來一些影響。這過程勢必無法避免，我們每個人都會遭遇不同層次的覺醒，讓我們踏上通往偉大意識之路。祖先／老嫗這張牌的啟蒙代表的是一個真正的蛻變過程，讓一個人在成就智慧的王者之路上更邁進一步。

日常作息

全世界的孩子都害怕黑暗，他們總忍不住要瞄一下床底、衣櫃及各個角落，確認「惡靈」（Bogey Man）不在。在西方，我們迷信地將黑暗與各種負面事件與危險連結在一起，也因此，我們既不能、也不想與那深藏在精神角落最黑暗之處的深沉智慧合作。諷刺的是，這種抗拒最後將延伸成拒絕內在旅程的邀請——當它清楚召喚我們的時候——我們也因此開始經歷沮喪與憂鬱之苦，最後竟與世界脫節，落入一種倍受折磨的孤獨狀態，永遠無法認知到那所謂的惡靈，其實只是古怪可笑的影子，除非我們終於願意面對它。

事實上，有許多方法可以幫助我們成功地潛入無意識境界，當我們愈留心內在的需求與慣性模式，我們就愈能夠從那些阻礙生命目標與夢想的恐懼，以及否定的束縛中掙脫，得到自由。在日常生活中，祖先這張牌的能量可以引領我們探索靈魂古老的潛能，並召喚出更多精細與調和的力量，你將會發現這條溫和的道路上，充滿新生命嶄新的感受。總而言之，這個啟蒙之旅上增強力量的煉金丹藥，其實就是一種冥想靜心的生命狀態。

靜心和冥想的目標都是為了建立一種新的內在能力，讓那心靈啟發的個體增加直覺力、想像力與視野；當「思考力量」與「心的力量」交織，創造了一個新的基礎，在這之上更高層次的知識得以發展。而靈魂——在這啟蒙階段開始受到影響——必須從外在世界的各種印象中抽離，與豐富

的、滋養創造力的內在連結。

　　找一個安靜的地方，像那美麗的內在敞開你的心與靈魂。靜心可以帶來專注力及靈感，讓你的心／頭腦敞開並放鬆，同時又保持警醒與集中，當光和愛融入你整個存在的時候，去感受它，這包容一切的微光正是創造全新自我的原質。

自然藥方：鼠尾草

　　鼠尾草（Sagebrush）這神聖植物的名字是從「Saga」這個字而來，也就是「智慧之女」的意思，通常都在氣候乾旱的平原或沙漠茂盛地生長著，這個植物吸收太陽全部的力量，並儲存在葉子與花苞中，它充滿了淨化意識的療癒力量。就某種意義來說，鼠尾草是自然界的明燈，因為它那發光的小黃花為人類靈魂帶來光和智慧。

　　通常鼠尾草會綁成一束作為薰香，它的作用除了淨化之外，也用來崇敬大地之母。傳統上，它一直都在各種儀式中使用，如古代祭典、發汗小屋儀式（sweat lodge）、美國原住民部落舞蹈等。它可以淨化心靈、身體、頭腦，開啟光的通道並將療癒帶到這個世界，作為淨化人類靈魂的媒介，它那療癒的特質可以幫助一個人調和連結內在世界與未來的各種可能性。

靈魂訊息

　　在我心底最深的洞穴中閃耀的金色智慧之光，點燃了埋藏在靈魂深處生命的神性火光，祖先的知識在我記憶中沉睡，我深入那黑暗的洞穴中，在那裡，也許我可以找回洞見與新知的寶藏。

10. 孕育潛能的子宮
Womb of Potential

我應該如何在正開展的藍色夜晚開始我的歌？

在偉大的夜晚，我的心將出走，

黑暗朝我而來，喋喋不休的，

在偉大的夜晚，我的心將會出走。

——芭芭果女巫醫吟唱（Papago Medicine Woman Chant）

傳統塔羅圖像：命運之輪（The Wheel of Fortune）

傳統解讀

　　命運之輪代表行動與改變。由木星統治，這張牌指出一個人未來可能的發展和變動。生命是一個涉及創造、毀滅、整合、崩解，經常轉化與變動的歷程。最近經歷過死亡與重生的循環後，個體現在準備好去擁抱對宇宙更廣大的瞭解。在來到命運之輪前，隱士或是老嫗已經開始與內在世界更深層的接觸，以與生命中未被解決或未被覺知的兩難局面達成和解。由老嫗重新取回的新願景或領悟，現在能夠被實現。新的靈感、希望與想法很積極地成型並表達出來。

　　命運之輪誇張地表達，我們的生命從來都不是一成不變的認知。時間是無限的，靈魂是永恆的。我們的限制只有在相對角度上來看時是真實的，即使是在相對照的情境裡，很多都是由我們想像虛構出來的。人類基本上是無限的，即使服從於重力法則，其將精神和靈魂壓縮進地球經驗中。命運之輪成為／是通往智慧的捷徑上重要的一步，讓我們對於自己與偉大宇宙之間的關係有一個了解。

煉金術與轉化

　　「三態女神神諭卡」幫助我們瞭解神聖女性的神性，是由地球、天堂和地底世界三個面向所表達。她豐盛贈禮的每個面向受到她「整體」的神聖啟發，同時是「整體」不可或缺的一部分。每個從大母神子宮出生的個體，都蘊含著由她延展出的覺察與意識而來的特徵或密碼。

　　孕育潛能的子宮卡，畫著神聖女性的原始本質包裹在生命的圓圈或珠寶中。她的手向外伸出和延展，恰好超越她圈起來的光之子宮的邊緣，象

徵我們人類需要更進一步、更深地延伸進入我們出生的潛能之謎。太陽明亮的光包圍著被曬黑的她的（Her）謎之子宮，同時，發光的月亮，天堂當中永遠都在變動的寶珠之光，爲她的本質加冕。

她是敞開的。她的木瓜子宮握有很多等著要被孕育和澆灌的種子。木瓜生長在熱帶太陽光熱最巔峰之處，生長在這些地區的作物，接收給予生命的光之能量。這個光滑、有著日落顏色的水果對消化有醫療輔助；因此，木瓜象徵性地提醒我們要以明晰與區辨力來消化我們的人生經驗。它豐盛、黑色、充滿種子的中心，象徵著在每個人核心當中的神祕潛能。坐在美麗羽毛的圖像上，「孕育潛能的子宮」開心地接收新的啓示，代表意識精煉之後的狀態。

在這個啓發的階段，靈性追尋者遇到越來越多細微的成長機會和挑戰，以讓更多具滲透性、透明的自我認同，可以穿越執著和恐懼的侷限而成型。這個階段的生命預告著深入而不變的內在自由。要達成這個階段的進化，追求者被導向轉化，最終，煉金術的生命轉變提供提升後的靈性覺知。爲了讓這個轉化發生，一個人必須要讓他／她自己校準創造性混亂和改變的原則，以命運之輪爲象徵。這個啓程，加上奉獻與專注，最終一定會讓人進入開悟的參照。

覺醒的原型：彩虹女神

繽紛的彩虹是地球最寶貴的禮物之一。這個美麗的生命之拱作爲人類和靈性世界之間的橋樑。當彩虹出現在天空中，象徵著好運的預兆，因此「黃金罈」（pot of gold）的隱喻與它有關。

彩虹女神的原型，以她眾多的顏色、多面向的覺知，把很多地球的奧祕編織成美麗的光之衣裳。和光之衣裳有關的神話可以在很多文化中找到，

例如：古代埃及人有「伊西絲的七件批肩」或「伊絲塔的七面紗」的比喻。它們有時被理解為大衣，有時是珠寶項鍊。

希臘人以女神愛瑞絲（Iris）的型式將彩虹賦予人性化，人們相信她有進入較高和較低世界的管道，在兩者間形成一座橋。作為赫拉的傳信者，愛瑞絲有能力分享預見，將更大的覺察或洞見帶給需要她協助的人；因為這個緣由，眼睛的某個部位是以她的名字來命名的。彩虹女神是積極活躍，生氣蓬勃且很有創造力的。她攜帶著能夠在各種領域和情況顯化的潛能，總是在紡織著她那充滿繽紛色彩的光。

你受邀進入潛能的子宮，在那裡，就像彩虹女神一樣，你孕育你的夢想。豐盛的泉源從住在你心中的黃金罈泉湧而出，藏於你內在的寶藏正等著綻放，編織你輝煌壯麗的網，轉動你的輪子，讓你的心向更廣大的未來打開。

日常作息

當你遇到孕育潛能的子宮之原型圖像，你被呼喚向圍繞在你每天生活中的諸多機會，敞開你的心和靈魂。這不是對自己的意見太過固執或專橫的時候。命運之輪正在移動，而新的價值觀、概念和想法正在成形。

有很多正向、肯定生命的方式，來和孕育潛能的子宮之能量一起合作。你可能會想要參加一個課程，重新安排你的日常作息，或另闢途徑去做一直想做卻沒做的事情。停滯在同樣的慣例常規中，或在編織你的夢想時害怕重大的改變，對你都沒有好處。

我們的身體蘊藏著能量，在這個生命轉換階段，多注意身體可能因為舊習慣或不健康的模式，導致太過僵硬或是緊繃的地方。以一種要打開能量通道，並且經驗更多你內在自由的方式來運動你的身體。旅行或是學習

新文化、宗教和神話，可能可以帶來刺激。以敞開的心來和這個美好的機會相遇，孕育潛能的子宮正為你預備一個新的意識的誕生。

自然藥方：山茶花

山茶花代表一個美麗的曼陀羅（mandala）。一圈明亮的顏色包圍著內部的核心，其在外形上有點像愛瑞絲的眼睛。

這個花是從自然界而來的視覺訊息，提醒我們保持專注，特別是當面對未預期到的改變和混亂時。從命運之輪蜂擁而來的新資訊和活動，有時可能會讓人感到喘不過氣或精疲力盡。結果，這個非常有力量的啟蒙階段可能會造成一個人心智、身體和精神相當大的耗竭。山茶花在生命危機中帶來和諧和保持在中心的覺知。作為花朵煉金藥，她將這些特質發射進靈魂的力量，讓更深的領悟與清晰可以發生。山茶花和她美好的本質可以成為很棒的解藥，特別是當一個人面對混亂，以及未預期的扭轉與翻轉時。

靈魂訊息

生命之輪將我推向一個更寬廣的水平線。天空變得更廣大，山林矗立得更高，我周遭的空間充滿了各種可能性。在狂野和快速的生命激流中，我保持在中心，讓機會的彩虹橋與我的命運相連。

11. 生命之樹
Tree of Life

毀譽，得失，苦樂像風一樣地來去。

要快樂，像大樹一樣得安住在它們中間。

———佛陀

傳統塔羅圖像：正義（Justice）

傳統解讀

　　一個人現在來到了王者之道的關鍵點。正義如同調停者般，坐在完美的精神領域，以及有限制、啓蒙的和人類努力奮鬥中的物質領域之間。正

義牌的原則主題可以用煉金術的洞察來總結：「平衡是大業的基礎」。在這張牌卡上，正義的天秤代表在所有事物中平衡的需要，也適用於人類的情況。

在所有的地球生物中，人類獨立自足於星辰、太陽、月亮間，充分意識到他或她所作的選擇將會造成的影響，以及其優先順序。此生或來世，我們會與我們的選擇所造成的後果面對面，並有無限的機會以此來衡量我們自己。

終究，我們會瞭解到，每一個行動，無論看起來有多麼不相干，都會有漣漪效應，在整個宇宙中運行。眼睫毛的一個眨動，真的能移動最遠的星星。這個領悟讓我們謙卑，並提高我們對世界的責任感。

煉金術與轉化

心靈經常變動以期達到平衡與完整。我們都需要在自己內在建立整體和諧與平衡的原則，以確信在所有表象下，無論看似多麼殘酷或隨機，都存在著更偉大的真理，其表達出精神統領的更高法則。

正義卡中畫的是生命之樹，也被稱為「世界樹」（World Tree）或是「豐盛之樹」（Green Tree of Plenty）。在神話中，生命之樹和宇宙的創造，以及人類的起源有關。它的水平面或樹枝，代表日常生活的形式與物質面向；其垂直線或樹幹，代表將人類連結到天堂的神聖面向。樹根通常被泉水環繞，泉水則象徵神聖女性的濕潤的水，她們斟滿「生命酒杯」（chalice of life）。

坐在樹中心的是智慧貓頭鷹，它與老嫗女神（the Crone Goddess）的諸多形象相連。這棵神聖之樹的根部，在其內在深處，住著人類的胚胎起源──創造的永恆靈魂──由水藍色環繞著，象徵著永生的噴泉。青蛙和

烏龜代表水和土的圖騰。兩枝伸出的樹枝象徵十字架，各自被蛇強而有力的再生能量纏繞：一隻是藍色的，象徵眞理和榮耀；另一隻是紅色的，象徵肉體的激情。兩姐妹女神（Two Sister Goddesses）敬畏地跪著，各自都拿著三朵花的花束，代表生出生命之樹的三態女神。每位女神所攜帶的百合是重生與平衡之花。

在這個啓蒙階段，靈性追尋者暫停下來去反思生命的起源，並對他／她的業力情況和條件有更多的瞭解。正義，或生命之樹，啓蒙提供認眞的追尋者某種生命的回顧。一個人可以從不執著的觀點來觀察生命；從這個提升的有力觀點，有很多可以學習的。我們終於可以看清，無論是更好或更壞，「有因必有果，善惡終有報」。生命之樹是支持我們內在與外在生活的更偉大智慧，以及平衡堅固根基的經常提醒。

覺醒的原型：雅典娜

雅典娜，正義女神，是許多三態女神眾神殿中的智慧女神之一。她經常與貓頭鷹描繪在一起，而貓頭鷹是夜晚之鳥。與雅典娜有關的神話說她是從宙斯的額頭出生，經常爲戰神提供策略的協助。她在商業、農業和許多其他日常生活領域，應用她的智慧。

就像貓頭鷹一樣，雅典娜觀察她周遭世界的運作、脈動、策略、手法、優點與缺點。一隻眼睜著，一隻眼閉著，雅典娜也用她「直覺的視力」觀察，以銳利的直覺感受世界。她能夠在強烈的情緒中保持清醒的頭腦，並且爲複雜的狀況提供實際的建議。

雅典娜的祖先源自瑪特（Maat），正義與眞理女神。在埃及神話中，瑪特的象徵是羽毛，代表空氣、精神境界和貓頭鷹。瑪特的任務是爲死人的靈魂秤重，以決定他們來生的去處。她會將羽毛放在天秤的一側，然後

人類的心臟放在另一側；那些心臟有點負擔的人，有可能在來世同樣也會有點負擔。

你被邀請進入雅典娜的聖殿，在那裡平衡和區辨被提升到非常精熟的水準。生命之樹把一個人放到深思熟慮的道路上，小心的思考和觀察給你一個機會去矯正業力紀錄。貓頭鷹的全知之眼刺穿幻覺的面紗，將人從無知的禁閉解放，無知是所有不義的根源。

日常作息

我們必須要努力根據更高的原則和真理而活，以靈性法則和正義的覺知走在恩典為主的道路。靈性追求者學習到不將自己的不幸責怪他人，也不評斷朋友或家人過著不完美的人生。靈魂的原力帶著很多業力的印記和記憶進入此生，最終將會朝向解脫與圓滿。

我們每個人都有獨特的命運。在你的生命中不遺餘力地培養洞察力，但是學習放掉評斷、責難和批評；認知到你的評斷最根本上是針對你自己，而不是其他人。我們經常在生活中創造能夠讓我們更看清自己的情境與狀況。學習跳過序曲，直接切入正題；直接看入鏡中的自己。當你祈求自我原諒和整合時，慈悲地微笑。

自然藥方：橄欖樹

橄欖是專門獻給雅典娜的。根據希臘神話，她將第一顆橄欖樹種在雅典的衛城，當時希臘是一個新興起的農業社會。後來橄欖樹和嘴裡啣著橄欖枝的鴿子聯結在一起，成為「和平」與「女神的好意」之象徵。橄欖枝冠被用來裝飾那些從戰爭中凱旋歸來的人。直到今日，在希臘，橄欖油被認為是女神的萬能藥，並且是飲食中不可或缺的主要成分。

以花精而言，橄欖幫助一個人與較高的靈魂意識狀態連結，重新活化身體和靈魂。

靈魂訊息

持而盈之，不如其已；

揣而銳之，不可長保。

金玉滿堂，莫之能守；

富貴而驕，自遺其咎。

功成身退，天之道也。

——老子

12. 臣服的火焰
Flame of Surrender

以放手的心態做每件事。不接受讚譽、得益或任何事物。如果你

放手一點點，你會得到一點點平靜；如果你放手很多，你會得到

很多平靜；如果你完全放手，你將會有完全的平靜。

——阿姜·查（Ajahn Chah）

傳統塔羅圖像：倒吊人（The Hanged Man）

傳統解讀

在上一張牌——「正義」出現之後，倒吊人現在即將碰觸自己的命運。

但首先，他必須要淨空幻覺，並且來到與三態女神一起的更高陣線。倒吊人從來都不是被迫綁在樹上或是以任何形式受到束縛，他是自願採取上下顛倒的姿態；他將自己放到這樣的位置，以釋放從過去收集而來的殘骸。以頭和耳朵接近土地，他需要大地母親的呼喚。以他的腳（由黃道雙魚符號所支配，象徵理解）指向太陽，是某種啓發正在發生的證據。

由海王星統領，倒吊人為人類帶來重要的訊息，因為頭——我們自我意識的象徵——被顛倒了。這張牌的出現指出一個人需要顛倒思考方式。自我的淨化清理，放掉限制性的思考形式，臣服於生命的情境——所有這些薩滿的過程，引導一個人對世界原諒並且有更大的慈悲。最後，倒吊人為你準備一個洗禮，一個靈魂的新生。

煉金術與轉化

在三態女神神諭卡中，倒吊人變成臣服的火焰。這張牌像是舒緩的慰藉，溫和地引誘你進入你靈魂的安靜洞穴裡。在此，熱情和轉化的火焰，溫暖一個人的意識內部。在平靜的歇息中，夢的世界浮現到表層，想像力和直覺力被釋放，理性的心智放掉對擔憂和恐懼的緊抓。

臣服的火焰被描繪包圍在落葉之中，當大自然脫下她葉子的大衣，並且露出她光禿的樹幹、樹根和樹枝，代表秋天。慈悲女神躍進她的重生之光，沒有必要去翻轉她的形象，因為臣服是她最根本的本質。不斷地清空再裝滿是她生命的節奏，她從不抗拒自然的意欲。

她的腳是離地的，意指已經放手。她的靈魂已經戰勝生命重擔的地心引力。閉著眼睛、雙手擁抱內在之光，她以慈悲深深地接受充滿心靈和心智的精神力量。黃色的光線照亮她前方的道路，她的腳被太陽的金黃光環繞，象徵她對於新意識和理解的追求。

在這個啓發的階段，一個人的自我認同從小我——由恐懼和爲了生存的本能慾望所驅動——轉換到以無條件的愛與瞭解眞正價值不可能會失去或被奪走爲特徵的靈性大我。所有不眞實的，最終都會消失。最後會留下來的就是眞實的你，以及你眞實的生命。臣服的火焰提醒你：眞的就是那麼簡單。

覺醒的原型：慈悲之母

在傳統塔羅的大阿卡納牌中，倒吊人是神祕三位組的一部分。皇后牌和數字三有關，而倒吊人在以它的數字（1+2）相加之後也變成一個三。因此，倒吊人代表與三態女神／皇后有關的啓發的另一個階段。這個神聖三位組的下一個階段是「世界」，二十一號卡，它的數字以相反的方式相加起來變成三（2+1=3）。

在大阿卡納牌中神聖三位一體的第二個階段，我們看到皇后清空她豐盛子宮的過程。她的子宮已經統合了男性與女性能量，以將新的意識誕生到世界上，就像聖母瑪麗亞產下耶穌一樣。瑪麗亞和大自然及宇宙音調的靈魂的親密關係，爲她的子宮做好準備以孕育耶穌這個果實。然後她淨空自己，無私地給世界一個太陽，或是「神之子」。

觀音是慈悲的中國佛教化身。根據傳說，她原本是名叫觀世音菩薩的男性神祇，但在中國古代有了性別轉換，因爲人們認爲只有女性原則（feminine principle）可以充分啓發和引導求道者進入浩瀚的深處，被稱爲「空性」：巨大的未知，在那裡自我逐漸掉落，只剩下一個人原初本質的眞理。

當一個人臣服時，會發現空性是一種空／滿的狀態，爲了要裝滿任何無論是什麼的沒有限制之事物，總是清空自己的限制。臣服的火焰邀請你移去自我的面罩，延展你自己進入神聖母親慈悲的世界，她希望以她的溫暖和保護來擁抱你。將你自己從恐懼和懷疑的監禁中釋放出來。相信你自

己重生與頓悟的可能性。讓過時的觀點離開，並躍入光與美的深處。清空你自己，裝滿你自己，自由的。

日常作息

當我們懷著慈悲，關愛我們的親屬兄弟姐妹時，某些美麗的事物會發生。那就像新的光從星辰中綻放，整個世界顯得更加閃亮和活躍。有句古代的日本諺語說：「一句慈悲的話語可以溫暖冬季三個月」。每一天當你將臣服的火焰的原型意象注入你自己時，試著從生活在你身邊的人的角度理解生命。你是否充分覺察他們的需要和安樂？如何以慈悲的慷慨和善意延展你的心給別人？臣服的火焰提供了「沒有什麼可以失去」的平靜和安寧；和你所愛的人分享這個禮物。

在個人的層次，要活出臣服的火焰之精髓，需要很好的技巧和意願。要去清空我們自己對於安全和保障的錯誤承諾且跳進深淵的火焰，並不總是容易的。然而，當這張牌呈現在你面前，無疑是要你釋放一些舊的東西，把你自己從古老的羞愧感、恐懼、懷疑、罪惡感，以及否認的枷鎖中釋放出來的時候。原諒你自己，讓你的靈魂進入光裡。一旦你從臣服這個有利的位置目睹你的痛苦和傷痛，一切都將不同。這是揚升、重新綻放你的光的時候。

自然藥方：西番蓮

西番蓮（passionflower）以其中心精巧切割的冠狀，相似於基督的頭冠所命名。基督被釘於十字架與倒吊人的形象連結；原型源頭說著一個人自願放棄他個人的力量，淨空小我認同，以服務於更大的整體。西番蓮，以其基督意識的形象，向人類反射出揚升的靈魂力量的美麗。它的藤蔓往高處生長朝向樹的頂端，在那裡它充滿異國風味的花朵和金黃太陽的光融合

為一體。它的果實極其充滿風味，確實是天堂的象徵。

　　以花精而言，西番花以非常純淨和細微的方式支持人類。這植物的高頻振動攜帶特殊的療癒性質，把一個人帶到更高的覺醒狀態。此花精強化一個人靈魂內在的慈悲與愛，並幫助我們理解我們苦難的更深層意義。它幫助我們臣服於無私服務的生命，並打開通往永恆喜悅的大門。

靈魂訊息

就像泳者敢

將臉朝向天空

讓水承載他們

老鷹御風

讓空氣支撐牠

我也將學會

自由流動

並流進造物主靈魂的深深擁抱

沒有任何努力

贏得環繞著的恩典

——丹妮絲・萊維妥夫（Denise Levertov）

13. 道路

Passage

你會知道死亡的祕密。

但若非在生命的心中尋找，你如何找到它？

—— 紀伯倫

傳統塔羅圖像：死神（Death）

傳統解讀

在傳統塔羅牌中，死神通常以骷髏作為代表，那是我們唯一被剝光到「只剩骨頭」——我們存在的基本架構——的時候，我們真正是誰能夠被

揭露，煉金術轉化能夠發生。骨骼是我們隱藏的、核心的自我，將我們從與現實的共識，以及被傳統慣例占據的肉體顯化中解放出來。將骨頭連在一起，並讓骨頭可以移動的關節類似於人類心靈和精神間的神經連結，讓連結和提升可以發生。

死神牌帶著可以徹底改造一個人現下生活的潛力，是通往一個啓蒙的通道。骷髏見證了我們以心靈精神存有超越死亡，而不斷進化的事實。隱喻上與實際上，我們在多生多世經過出生、死亡、重生的三態女神旅程多次而轉化。爲了要徹底除去舊習和根深蒂固的模式，我們重覆跨越死亡的門檻，在我們內在攜帶必要的工具，以在內部凝聚力和運作能力越來越高的層級重建我們自己。經由改變的混亂，我們不斷重生。

煉金術與轉化

在現代西方世界，我們不斷尋找逃避經驗死亡的方法，無論是在我們生活中不斷重覆出現的小死亡，或是我們生命盡頭的大死亡。我們理性闡述它、靈性化它、神話它、平凡化它、否認它——用任何方式將它驅逐出境。然而，排山倒海的證據告訴我們，生與死發生在意識不斷進化的脈絡中，就像在更大環繞著的海洋中波浪的起伏。

我們每天在睡與醒、接收與釋放、愛與哀悼、生與死的經驗當中，與轉化的經驗相遇。事實上，西藏生死書告訴我們，唯有向每個瞬間的死亡充分臣服，我們才眞正誕生到我們的生命中。死神牌的出現打開死亡之謎，揭開面紗讓我們可以充分擁抱生命的自然韻律。

三態女神神諭卡中的道路牌，提供我們一個生命的子宮（Womb of Life）的豐饒意象。畫的是開著花的通道，當靈魂從一個意識的階段過渡到下一個階段，生命的豐饒不斷被誕生出來。在這個神聖子宮的兩邊坐著命

運的姐妹（Sisters of Fate），象徵生與死的雙生面向。完美地映照著另一者，他們將對於生死的二元理解融化為一個最終合一的意象。在畫面的中央，一隻白鴿向上升起，象徵靈魂的自由，以及精神和身體的相互交織。在背景中，發光月亮的球體代表三態女神中的三個月亮階段：生命的漸盈、月虧和圓滿。

覺醒的原型：黑色聖母

在古代的世界，人們尊崇並以儀式慶祝生與死的神祕。例如：在基督前的西方，黑色聖母的禮拜與死亡和重生的煉金過程相連。其神話的精神借用大量的原型意象，流傳好幾世紀給我們。她在希臘神話中以狄蜜特被認識，後來是蘇菲亞，然後是埃及的伊西絲女神，最後，在基督教裡，是聖母瑪麗亞，神的母親。在橫跨歐洲的無數聖地，幾千年來她被公開地敬拜，直到約五千年前由男性主導的制度支配之前。

今日我們發現黑色聖母被美麗地供奉在法國的沙特爾主教座堂。傳統上，她的形象被塗灰泥，或被燻黑，在秋天時被放到地下洞穴中，只有在春天時才重返，以闡明重生和復活的道路。

黑色聖母在地底世界的時間，儀式化了唯有透過死亡的過程才能達到新生的認知。她在每個春天的重新出現，象徵了太陽的誕生，以及在人類的心和心智中開花的新意識繁盛的潛力。從黑色聖母的黑暗子宮中，太陽或是光之子升起，他的教導都是母親的氣息。

你被邀請和黑色聖母打招呼，以代表你每日生活工作上的精神動力。你是否的確在一個孕育階段，轉化的內在火焰把所有拉住你的事物淨化和釋放掉？這是復活和重生的時候。什麼正在逝去？什麼新的機會在等著你？改變的承諾注入你的生命。不要害怕，信任母親女神（Mother

Goddess）的神祕，生命的「道路」將揭開驚奇。

日常作息

有很多方式邀請「道路」的轉化，進入到你的日常生活中。在某些重要的時刻，這必然將涉及「放手」的過程，讓你可以重劃未來。這個原型潛力的力量在你存在的核心用力拉扯。赤裸裸地來到生命核心議題前，不抗拒地面對它們，將會產生無比的回報。

通常，清理衣櫥和櫃子的簡單動作，就肯定了一個人對死亡和重生的新循環的準備，並以黑色聖母的原型為象徵。重新裝修房子、重新裝潢、換工作、放掉舊的友誼和關係、一個新的運動計畫、結婚、離婚、懷孕、摯愛的人死亡、健康的復甦、疾病——這些是道路或死神牌在我們每日生活中顯現的眾多方式當中一些。不要猶豫降入你自己的地下洞穴中。培養對黑暗未知的喜好，讓自己舒適並讓眼睛適應黑暗，擁抱改變的不確定性。你的回報將會是從沒有什麼可害怕而來的平靜、清明和創造力。

自然藥方：北美升麻

作為藥草，北美升麻（black cohosh）是驚人的療癒者，幫助一個人經歷失去與再生的許多階段。它的力量起源於黑暗，多節的根深深地潛伏於地底，鏡射我們自己與大地母親及其自然的韻律和循環的關係。白色的花莖從它的根顯露出來，象徵光從改變的混亂中上升出來。

這個強而有效的藥草，經常被開方給懷孕最末期的女人，以打開生產的通道。對於更年期的女性，她要經歷很多不同的賀爾蒙轉變，這個藥草有助於平衡系統。以花精而言，北美升麻可以在情緒和心智層面的釋放過程中協助你。

靈魂訊息

　　我是三態女神中，始終改變的面相，穿著蘇菲亞、黑色聖母、聖母瑪麗亞、狄蜜特，以及所有她的神話的神聖顯化外衣。我旅行穿越她死亡和重生之轉化過程的大門。當我臣服於我靈魂重生的深邃時，我是無限和永恆的。

14. 天使起飛
Seated Angel Flying

每一片草原上的葉子都有一個天使折彎它並低語：

「成長吧，成長吧。」

——塔木德（Talmud）

傳統塔羅圖像：節制（Temperance）

傳統解讀

節制在傳統裡象徵落下的智慧和平衡。在當代被稱爲「藝術」，由節制所啓發的原型智慧，以煉金術的最高表現形式展現它。通常，會畫著一

個女性從銀和金的容器倒出生命之水；她一隻腳站在地上，另一隻腳站在水裡，平衡生命的意識和潛意識面向。她的天使翅膀顯示她是神聖和具啓發的，但她也完全是人類。她是地球天使（Earth Angel），維琦・諾貝爾在《和平母親塔羅牌》（*Motherpeace Tarot*）中，美麗地描述她的目標是要「讓宇宙的能量扎根」。

節制統轄人性的二元天性。目的是要協助你超越本我的恐懼，以與在更大的宇宙與人類心中運作的精神力量聯合在一起。長久以來，天使在幸運的時刻爲我們的生命添光，讓我們有幸了解天堂和地球的許多面向。節制天使在大阿卡納牌通往智慧的王者之道中，是這樣的一個幸福傳達者。

煉金術與轉化

節制天使以安靜的專注和優雅姿態站在我們前方。她揭示人類的覺醒之心，在這個階段我們掀開幻覺的另一層面紗。凡人的靈魂與永恆的最終面向更加完全融合在一起，並且隨著增加的覺察力，必須找到讓這兩個世界在日常生活中交織的方法。一個人必須學習「節制」將新意識的翅膀擴張地展開，同時從暫時性存在的限制條件中脫離出來。

天使起飛是地球天使的形象。堅定地坐在地上，她保持注意力並專注地朝向天空。她的翅膀，像她的手一樣，向外、向上傳送療癒的能量。她手上的螺旋代表她女神子宮的永恆；她的手看起來像鯨魚尾巴的延伸，保存著地球祖先歷史的記憶。鯨魚在古老神話中被描繪成一個巨大的子宮，相似地，在基督教裡，約拿（Jonah）被鯨魚吞下肚，代表他最終的重生與覺醒。

在這個啓蒙階段，追求者開始瞭解命運的力量和目的。十四號大阿卡納牌讓你準備好爬上你生命靈性工作的頂峰和高潮。當你進入生命的深處，

平衡地球的煉金術真理和當中的靈性智慧，你注定會找到滿足和圓滿的感覺。當新的生命靠近，你變得更加同時涉入內在與外在的世界。你學習擁抱靈魂，以注視精神領域的真理。在這個發展階段，你終於可以完全是屬世的，同時融合靈性。你在每日生活中體現「天使起飛」，將生命的外在經驗與靈魂的更崇高境界融合在一起。

覺醒的原型：天使

天使——傳統上被描繪成女性的形象——是從上面來的使者，祂們說明了埃及的諺語「如其在上，如其在下」。在古代埃及，許多寺廟的祭司會戴人造翅膀，以象徵靈性與物質世界的統一。天使與仙子、妖精的形象，激化潛藏我們生命中的神奇可能性。雖然基督教教堂最後責難對於天使協助的祈禱，有很多證據顯示對俗世的基督徒及一般大眾來說，天使被當作是通往靈性世界的橋梁。耶穌自己聲稱當祂想要時，可以召集七萬兩千位天使（馬太福音 26:53）。

的確，天使代表了天堂的星魂，祂們的映像啟發了人類的靈魂，溫和地敲著人類的心門，希望喚醒對生命神祕旅程更深的感激和參與。天使起飛象徵天使對於人類世界的保護和參與。我們在地球上的任務是讓靈性和物質世界充分交織在一起，讓靈魂的金子與身體存在的銀子混合在一起。

你受邀在出生、死亡與之後的世界中去探索生命的精髓，靈魂並未將祂的冒險只侷限在靈性的階段上，而是讓自己投入在地球上偉大的經驗實驗室裡。生命是因果法則不斷地交互影響。節制提供她自己給我們作為原型的管道，她把靈魂的大門打開得更廣，因此我們可以在地球生命的界線中生活，同時在靈性的偉大子宮中休息。靈魂把這兩個世界綁在一起，以超越二元性移動，在身體、靈魂、精神三面向的架構裡校準個人整體。

日常作息

　　每一天人類靈魂都有機會更新其賴以生存的根基。你的身體是存有你輝煌本源印記的聖殿，因此，以能夠映照出你最深自我的態度來活出每一天是很重要的。天使起飛，或節制，作為人類慾望的熱情和高我清澈藍天之間的中介者。在傳統形象中，節制以一個流動的姿態同時倒出和接收。在天使起飛中，她在地球的家裡，同時擔任接收從上面而來資訊的使者。她的身體是一個容器，經由其，她靈魂的神祕之水重新恢復活力，並且滋養你存有的原初本質。

　　現在是評估你面對生命考驗和課題時，所用的許多方法的時候。例如，你可能寫一張清單，列出到目前為止你生命中經歷過的五個重大挑戰；你成功地面對這些挑戰到什麼程度、用什麼方法？你失敗到什麼程度或如何失敗的？你即將進入一個循環要求你徹底安排你每日生活的優先順序，以更加善用來到你生命中的成長機會。當你「將宇宙能量扎根」到你的例常生活，你會選擇用什麼新方式來面對生命的兩難處境呢？

　　了解這張牌的力量的好方法，是從更寬廣的角度來觀察人性當中的二元本質。當靈魂是飢渴的，它變成一個容器，準備好要被裝滿，然後倒到我們新的生命情境中。對於過去、現在、未來漸增的覺察，轉化了人類經驗的競技場，將它與平息了靈魂對於意義的渴求之啟示融合在一起。你每天用什麼裝滿你的杯子？現在是探索這個深奧問題的時候了。封好你自己宇宙容器中的裂縫，因此你可以安撫你的靈魂，並且重新活化你的生命力量。

自然藥方：高山百合

　　百合象徵女性的「聖杯」，裝著神聖的生命精要。高腳杯（chalice）

這個字從花萼（calyx）——百合花的杯子而來。百合是專門獻給女神朱諾（Goddess Juno）的，代表她的處女面向，或神聖子宮。以前人們說百合從朱諾的胸部冒出來作為生命之水，後來百合傳給聖母瑪麗亞；許多黑色聖母的圖像都有百合和玫瑰交錯，象徵從她的心（玫瑰）冒出的愛的豐饒聖杯（百合）。

百合有很多品種，每種都有獨特的藥性。百合是情緒世界濕潤和豐饒的象徵，用來平衡人類經驗中的靈性／情緒面。高山百合幫助靈魂和身體建立更活躍的關係。作為花精，它對於正在經歷靈魂和物質自我間分裂的人有益處。花是紅／橘色的；它的顏色透過第一和第二脈輪刺激生命力，活化生產和創造的能量。百合的杯子裝著靈性補品，能夠在人類的靈魂、自然的靈魂和更高的世界間架起橋梁。

靈魂訊息

我的天使和守護者，以充滿愛的導引與保護環繞著我。祂們療癒能量的煉金藥擁抱著我，我平靜地知道自己有多麼被來自上面且超越的珍貴協助者所摯愛。我將天使智慧的宇宙美麗扎根到我地球生活的根裡。

15. 業力的印記
Karmic Imprints

你，黑暗，我來自的地方

我愛你甚過那些圈住世界的火

火為每個人建造一個光之圓圈

外面的人無從得知你

但黑暗將所有的事物拉進去：

形狀，和火，動物，和我自己

它是多麼輕易地聚集它們！——

力量和人們

很有可能一股強大的能量

正在接近我

我對暗夜有信心

—— 里爾克（Rainer Maria Rilke）

傳統塔羅圖像：惡魔（The Devil）

傳統解讀

惡魔原型各式各樣的形貌可追溯回遠古。傳統上，惡魔以蛇、蝙蝠、龍、恐怖的野獸、各種長角的生物之形式出現。惡魔作爲被人類認爲是凌亂的、未被馴服的、不文明的、殘忍的、生猛的、被禁止的潛意識中，幽暗與隱藏部分的化身。它將罪惡感、誘惑、羞愧感、貪婪、慾望，以及其它各種邪惡具象化，從靈魂的下腹部往上凝視著我們。

隨著時間，惡魔變得越來越具人類的樣子，呈現長著蝙蝠翅膀或角的人類特徵。惡魔的形象逐漸人類化是一個指標，我們已經準備好與惡魔交涉，把它當作是我們陰影中的一個面向，而不是在我們整體範圍外的一個妖魔。儘管惡魔都和邪惡連結在一起，我們知道它是通往智慧的王者之道上，最終的道德旗子（virtuous player）。事實上，裝飾在它頭上的金色鹿角或犄角，在許多傳統中是新生和靈性重生的古老象徵；若沒有在我們心理惡魔般的引誘，我們永遠無法學會如何分辨或理解通往精煉和眞理的道路。惡魔牌作爲通往這些內在陰影處的大門。

煉金術與轉化

每個人，在某種意義上，是一顆掉落的星星 —— 一個充滿光的靈魂來

占據地球上的一個身體。裝飾靈魂的愛與智慧天堂之冠，再次擠壓人類的眉毛，變成了荊棘之冠，以地球為主的挑戰和課題。雖然人類的核心散發著輝煌色彩與完美光輝的光，受苦和孤立的經驗從我們靈魂的深處升起，在那裡，業力的種子開始發芽成生命中特定的條件和情境。

業力的印記是經由靈魂體從一世轉移到下一世的模式，或錯誤的潛意識信念與認知。身為人類的部分喜樂，來自於我們有可能從這些印記的枷鎖中，解放我們自己的真實可能性。在三態女神神諭卡中，惡魔牌被認定是業力的印記，遮蔽我們光輝真實自我的內建編碼之妄想。藉由找到路回到我們最終的家，其位於三態女神的子宮裡，我們破除監禁的墳墓，並且經驗到轉世的喜悅和欣喜。

牌卡上描繪著被裝在蛋或子宮裡的凡人存有的轉世靈魂。子宮是眼淚形狀，眼淚經由情緒的水道攜帶人類受苦的印記。在子宮裡，我們看到完美的人類形體，充滿著光，平靜地準備重生。圍繞著子宮的秋葉代表秋天，一年當中在這個時候一切都必須死亡，為了要新生「進入」（spring into）形體。葉子的輪廓重覆，顯示我們自己的行動和信念是如何向外鏡射。它們仍然在我們的靈魂藍圖之內，以各種方式重覆它們自己，直到終於將它們從我們生命的鏡子清理乾淨。每個轉世都給我們機會去破除穿戴得很好的限制與恐懼的束縛。

在這個啟發階段，自我（ego）遇到令人卻步的任務：要向惡魔降服、拆開和揭露自己。追求真正自由的代價有可能非常高，至少從自我的角度來看；甚至高到一個人沒有辦法放開虛假自我的陷阱，可能導致深刻的、靈性形式的受苦。解脫的機會在一生當中，更確切地，以及橫跨一生的時間，會重覆很多次。每次的賭注都更高，需要更精煉和精巧的努力。

我們需要記住女神是完全充滿愛的。在上述的過程中沒有從外加諸的

審判，我們每個人都必須進行我們自己的生命回顧。我們必須透過愛進入覺醒之路，直到自我之愛徹底地根植在靈魂裡，要破除業力印記的糾葛是很難的。一旦一個人清楚地認出受苦的因，還要放下所有錯誤的觀點，並允許自己在永恆的母親之愛的偉大子宮裡安息。最終，自由從此而升，並且只有這個。

覺醒的原型：卡利

地球是一個讓靈魂透過肉體轉世，覺醒到靈性的巨大實驗室。此生當中的每一個經驗，都是覺醒的邀請。每件事情都取決於我們如何應對我們所被給予的機會。因此，瞭解我們行動的力量，以及在有時艱鉅的道路上我們所吸引的生命課題，是很重要的。

印度女神卡利在這時候出現協助你。她站著戒備，手裡拿著刀，尋找機會清除潛意識裡的惡魔，其有可能妨礙你朝解脫前進。卡利領導我們穿越陰影，讓我們可以發現我們的完整性。卡利經常被誤會為死亡女神，讓人感到害怕，她其實是永生女神。尖牙滴著血，戴著人類頭骨做成的腰帶，卡利將死亡放在她正確的位置——永遠不死的子宮裡。她向我們顯示死亡沒有最後的世界，幫助我們不恐懼或否認死亡，知道在死亡的另一端是進入永恆生命的出生。

你被邀請在通往自由的道路上前進時，擁抱卡利深刻的轉化力量。卡利幫助你看見在潛意識當中什麼被隱藏和否認，並提供斷除無知和妄念的方式。或許出於黑暗女神最無情的慈悲，卡利會做出任何事情，以將你從生命的夢境裡喚醒。因為她如此熱切地愛你，她在非常深的層次面質你。她會糾纏你，直到你轉身擁抱她，在那時，她融化進你真實自我煥發的極樂裡。不要害怕。愛療癒一切。

日常作息

　　爲了要自由，我們必須面對這些被拋棄到陰影裡，並且看起來很恐怖、被忽略的鏡片扭曲的靈魂面向。藉由這麼做，我們開始擦亮遺失的自我之珍寶。藉由接受我們的弱點，我們發現自己最大的力量。所有偉大的大師和導師都了解這個形而上學的事實。這需要很好的紀律，因爲負向的思考形式與懷疑，干擾了解脫的歷程。當我們發現受苦的根源，我們可以剔除過去的殘骸，並將恐懼帶到光裡。

　　在這時，身體的工作、觸身的療癒，以及靈魂回溯工作可能很有幫助，因爲業力的印記儲藏在身體的深處。製作你的星座圖也可能會有幫助，特別是假如占星師能夠在圖表中讀到業力的印記。振動的解藥，例如花精和順勢療法，也可能對於釋放儲存在靈魂裡的負面潛意識力量很有幫助。理智想要合理化我們的模式和習性，所以最好盡可能地將理智結構擋在這個療癒過程外。聆聽身體的語言，你聽到什麼？你害怕嗎？你是否仍緊抓著你需要釋放的某件事物或某人？將你自己從過去的糾葛裡釋放出來。讓卡利在通往自由的路上協助你。

自然藥方：迷迭香

　　莎士比亞曾經提過迷迭香有增進記憶的功效。在英國，它被種在墳墓上以確保人們對於逝者的記憶。迷迭香甚至在很多地方被以吸引精靈和仙子所知，這是爲了要將祂們的揚升能量在我們當中落實。在埃及的墳墓中，迷迭香的殘留物被找到，也有證據顯示古代埃及人在淨化的儀式中使用迷迭香薰香。煉金術士帕拉塞爾斯（Paracelsus）認爲迷迭香是效用強大的藥，在他的處方中廣泛使用。

迷迭香的香味強烈而清新；在芳香療法中，被用來增加心智清明度，並給人們力量對抗強大的情緒和情緒擺盪。以花精而言，迷迭香是喚起轉世的強力輔助劑。這個花藥幫助強化的靈魂力量，因此這個人可以將她或他的靈魂與有形的肉體直接連結在一起。對於想要清理肉身過去印記的人來說，它也是很棒的解藥。當迷迭香的香味和花精被一起使用時，對於記憶和釋放是很有效的工具。爲什麼不將迷迭香加到你的按摩油中，放一些在你的浴池裡呢？

靈魂訊息

生命是一個採石場，我們要塑造、雕鑿，並完成一個角色。

——歌德

拿著一盞燈走進黑暗中是去認識光。

要認識黑暗，就進入黑暗。沒有視力，

你會發現，黑暗也在盛開和高歌，

並且用黑暗的腳和黑暗的翅膀旅行。

——溫德爾‧貝瑞（Wendell Berry）

16. 拙火升起

Kundalini Rising

流過我血管的生命之流，就是那日以繼夜隨著韻律婆娑起舞流過
天地之流。這股相同的生命歡慶著破土而出，造就一片百花齊放。

——泰戈爾（Tagore）

傳統塔羅圖像：高塔（The Tower）

傳統解讀

在傳統的塔羅牌中，毀滅之塔這張牌象徵釋放與自由。兩個人——在
惡魔卡中被描繪成受困於內在衝突與過去的陰霾——高塔這張牌中顯示出

他們進化的下一個階段。牌中的人物從高塔頂樓飛出去空中，前途未卜。高塔頂端雷霆閃爍，象徵著一股神聖力量的介入，這股力量有著強迫、催化且常令人感到害怕的本質，是經典的「來自天神的一頭棒喝」。通常當一個人持續無法聽從警告，並領受較溫柔的引導；或者負面模式根深蒂固，頑固難去之時，這類型的轉化成為一種必要的過程。

在古老的神話學中，閃電與生命的源頭有關。在傳統的塔羅牌圖像裡，高塔堅固外顯的結構像是堅果被撬開般，暴露出已經準備好要擴張與轉化的內在組織。從高塔上墜落的人，代表著種子從撬開的裂縫中掉出來，準備在孕育新生命的土壤中生根。閃電打中一個人的核心，啟動這裡所描繪的煉金術過程。

煉金術與轉化

高塔這張牌與巴比倫通天塔有關——代表著教條式的信仰——這在塔羅牌的研究中是很確切的。根據聖經的說法，尼姆羅德（Nimrod）藐視神的旨意與天神暴怒的回應，於是巴比倫通天塔在混亂與困惑中應聲倒塌。隨著意識的進步演化，陳舊的結構需要被更適合且有技巧的結構所取代。

在古代寺廟與其他的建築都是設計用來提升人類的心智，並調節天地之間的能量。它們的功能如同通道，讓天使般的存有為了重新恢復世界的平衡與完整，能夠透過這些通道下凡來幫助人類。在這個脈絡裡，雷打在建築物上，代表著一股戲劇性當頭棒喝的力量，突顯這個人需要反省內在，以及靈性紀律與毅力的重要。高塔這張牌與天王星的關係也提醒我們，一切有情感的生命共同的責任是運用高意識來服務世界。

三態女神神諭卡中的拙火升起牌，展現一位美麗的古銅色肌膚女祭司，她駕馭著神聖光之金字塔頂端的靈性力量，象徵著女神賦予生命的乳房。

她以拙火的形式展現閃電的轉化力量，以蛇的象徵型態對應生命中必須要經歷的無常。女祭司上方光的圖像剛好是她完美的型態，象徵靈性層次與不完美的物質層次結合。一朵花神奇地向上升起，提醒我們也擁有重生並綻放的潛能。鮮花將會破土而出再次綻放。天空中的羽毛顯露更高靈性訊息的存在。

在這個啟發階段，靈魂會超越批判、錯誤與限制，因閃電已經劈在能做出反應的內在核心上。有志者世俗與靈性的選擇將會被揭露。在這個層次的意識狀態中，將會知道自我轉化機會來臨。一個人被打入靜止與臣服中，防禦策略與否認系統將消失，留下的只剩一個人天性中的智慧。蘇格拉底（Socrates）在《對話錄・斐多篇》（Phaedo 313）提到：

當靈魂回歸進入自身，反射著，就會直接進入那純粹與永恆的，如同靈魂本身。與之有關的東西會在靈魂落單，且毫無窒礙時被切割劈開。於是靈魂會從自己犯的過錯中獲得休息，並能夠與那如同靈魂本身的進行溝通，這個狀態就稱為智慧。

覺醒的原型：歐亞（風、暴風雨、閃電之女神）

在尼日利亞（Nigeria）這個地方，歐亞（Oya）女神是擬神化的狂暴龍捲風，夾帶著閃電劃破黑暗的天空。透過她刺穿一切的光，顯露所有那被藏匿的，讓我們專注地去面對靈魂中黑暗的縫隙。歐亞女神同時也是巴西馬坤巴（Macumba）宗教中重要的歐力莎（Orisha）神祇之一。在這個脈絡中，她被描述成擁有點燃靈魂照亮世界的力量火焰之女神。據說，她帶著無比的勇氣與韌性，駕馭著熱情的浪潮——如同人類身體的拙火能量——

歐亞女神代表著新生命所擁有的動態原動力。

你被歐亞女神的力量所召見，透過她的能力迅速改變並轉換真實，她點燃你靈魂中去穿越的火花。在約魯巴（Yoruba）的文化中，她使人與神性連結，賜與人們風的力量——天堂的氣息——於是人們能夠說出生死的真相。她幫助你燒掉執著的罩幕，因這阻礙了你全然擁抱命運的能力。她的閃電及兇猛的暴風，會為你的內在生活注入電流。

日常作息

劇烈，令你措手不及的事件可能會在最近浮現，要求你深深地看進去目前生活狀態的內涵。拙火升起保證這個「危機」其實是三態女神所賜與的禮物。你的身體被喚醒，並因你內在歐亞的猛烈咆哮而充飽電力。她的火把點燃了你內在的靈魂，只有你能夠辨別隱藏在日常生活事件背後的是什麼。是怎樣的成長機會來敲打你的心門？是怎樣的花朵在你靈魂的縫隙中綻放？正面迎向這股毫不手軟的轉化力量的時候到了。

在生命中面對一股如此排山倒海而來的力量時，感受到些許焦慮或招架不住是正常的。請相信女神終究是仁慈的，相信你自己，相信你現在被邀請而做出的改變，相信這個過程。確切知道，終究一切都會很好。運用這股能量來行走在世界上，說出你的真實並做出必須的改變，將自己從過去的桎梏中釋放。

自然藥方：急救花精

1930 年代，愛德華·巴哈發現了花朵的療癒功效，並創造了巴哈花精。除了療癒組合中三十八種花精配方之外，巴哈也創造了一款叫做急救花精的療癒配方，由五種花精混和而成：伯利恆之星、岩玫瑰、洋鳳仙、櫻桃梅與

鐵線蓮。這個配方有許多美好的特質，對那些受到驚嚇，或是某種程度受到創傷的人特別管用，非常適合隨身攜帶，急救花精真的可以救人一命。

在我的書《花朵的力量》中，我分享了兩個與急救花精有關的案例，案例中急救花精展現了閃電般即刻的療癒力量。這個花精能夠用來處理情緒、心智或身體上的脅迫。它能夠舒緩且抹平心智如鋸齒銳利的菱角。當你覺得快受不了的時候，運用這個花精來改變你身體的能量；覺得受到驚嚇、錯愕或招架不住時，滴幾滴花精在你的洗澡水中，滴在水中或果汁裡喝進肚子，或是擦在你的身體上。

拙火升起這個原型通常出現在更年期的女人與進入發育期的少女身上。急救花精能撬開心的裂縫，讓身體成為光的指標，準備好且能夠被療癒。當身體放鬆，釋放壓力後，也可以使用其他花精來協助特定的危機或轉變。

靈魂訊息

你幸福與圓滿的關鍵來自於你的內在，端視你的心與意念。你開始每天的方式是非常重要的；可以踏出正確的或是錯誤的一步，可以帶著歌誦喜悅與感恩的心情醒來，開始全新的一天。只因你還活著，為了生命的奇蹟，為了與生命萬物和諧共鳴。你可以滿心期待新的一天會帶給你最美好的，並將這些吸引過來。或者，你可以肩上扛著千斤萬鼎，心懷不滿，荒腔走板地開始一天。今天會帶來什麼是你的責任，比起那些沒有意識到這件事情而不知所措的靈魂，知曉這件事實的你要負起更大的責任。你不能將你心智的狀態怪罪在其他人身上，這一切都取決於你。

——艾琳・凱迪

【擷取自《芬德霍恩的精神》（*The Spirit of Findhorn*）】

17. 啟動

Initiation

你無須當一個乖孩子，不需要跪行沙漠百里來懺悔。

你只需要讓身體裡那個柔軟的動物去愛牠摯愛的。

——瑪麗・奧利弗（Mary Oliver）

傳統塔羅圖像：星星（The Star）

傳統解讀

此時成就智慧的王者之道，帶領我們來到一個新的理解層次，抵達遠處星空的領域。星星牌是第一張揭曉宇宙外部次元的牌，隨著它的出現，

你被邀請進入星光燦爛歡娛的啓動之舞中。星星——位於塔羅牌中央的象徵圖案——你將會被高層次意識放射出來的所引導，顯現整體的視野。

　　星星牌代表著個體化過程中重要的一步，五芒星的幾何圖形是人類身體的縮小複製版本，有頭與四肢共五個點。它代表著人類靈魂能夠實現的創意潛能。傳統塔羅牌中的圖像，是一個女人冷靜地將生命之水從兩個水瓶中倒出來。再一次地，相對的兩極在宇宙生命之流中會合。她的意識之流，伴隨著浩瀚靈性曉悟的視野，自由地流過你生命中的峰迴路轉。她光芒四射的能量場因成就智慧的王者之道，在這階段所發生的美好啓動，隨著喜悅的感恩與愛閃閃發光。

煉金術與轉化

　　古代人認爲星星是有生命的存在，每個人都與屬於自己的「靈魂之星」連接著。一顆星星可能代表一個尚未出生的孩子、某個摯愛的人，或是從群星匯集的星空照亮人類的天使般的存有。我們向星星許願，並在夜空中記載他們的位置。在原型的層次上，它們啓發我們內在想像力關於宇宙源起的部分。星星充滿著魔力，使我們願意相信奇蹟，並充滿喜悅，以新的希望與富有靈感的遠見更新我們的靈魂。

　　啓動這張牌描述著一個美麗的女神，眾星之后。她從節制的水瓶或「天使起飛」中重生，就是從這個原型出處，她接收到煉金術般的魔法。如同愛芙羅黛蒂出生於海中，那女神浩瀚原始的母胎。水淨化並清理著她，她在中央捧著一個五片花朵的玫瑰，象徵她在地球上實現的星際力量。沒有翅膀，她完全是人類，天使起飛的翅膀印記在她的心中。背景的山岳代表著土地的力量，支撐著星型的玫瑰皇后行走在她啓動的道路上。她美麗優雅地行走在星光燦爛的天堂之光中。她於綻放的玫瑰花叢中滑行著，有如

在遊行隊伍中被虔敬的朝聖者抬起前進。

在這個階段的啟動過程中，眾星之后提供你更高且更細膩的方式，去理解那主宰生命奧祕的法則。你不再被之前禁錮你靈魂的限制所綑綁，現在的你可以原諒並療癒過去的傷痛，並且釋放你的判斷與有限的世界觀。你擴張你靈魂的力量，去囊括所有那無限且神聖的。你的未來如同一顆閃亮的星星，三態女神的愛已回歸於你身上，她的庇祐無所不在。

覺醒的原型：天堂之后

歷史上有許多影像連結天堂的奧祕、人類與自然世界。綜觀時間之初以來，人類需要理解自己的星際起源之美，體現在藝術、宗教符號與神話之中。對於阿拉伯人來說，偉大的奧祕被認為是 Athtar，意指「早晨的金星」或是「晨星」。在亞拉姆語（古代西南亞通用的語言）中，她是 Attar-Samayin「天堂的晨星」；阿斯塔蒂「眾星之后」是中東最古老的偉大女神型態之一。她被認為是哈索爾（Hathor）、狄蜜特與愛芙羅黛蒂的分身，據說她會照顧居住在天堂的亡魂，這些靈魂穿戴著光體，從地球看過去如同星星。

仔細觀察的人可以明顯地看出她與聖母瑪麗亞的關係，聖母瑪麗亞常被描繪成站在一輪彎月上，有著星星的光環繞在她的頭上。從她甜美豐饒的子宮裡誕生了神的孩子，也就是太陽，在基督教裡被稱為「世界之光」。同樣的，「天堂之后」伊南娜據說穿著星星所織成的袍子，宇宙中的黃道十二宮代表她的腰帶。

你被邀請進入天堂之后星光燦爛的宇宙，想像你自己光芒四射，是她最高層次的顯化。有時，奧祕與魔法發生在你裡面，無論是實際上的一個外在經驗，或是內在經驗，你已經被啟動且覺醒。花點時間去吸收這注滿

你生命之盃的美妙原型意識影像，你被祝福著。

日常作息

　　你是宇宙意識所生的偉大子民，分享你的美麗來服務世界的時間到了。恩賜給你那最豐盛的禮物，並非是你個人的私有財產，必須要拿出來分享。如同日光、星光與月光，都與接收光的人分享著它們輝煌燦爛的躍升之光。與他人分享你內在閃爍發光智慧的時間到了。你分享給這個世界的光，有時是源自內在月亮運行的軌道，其他時候則是源自早晨升起橘紅色的太陽。

　　這個階段——如同那些之前曾來到，以及之後將陸續抵達的——需要發展健全的謙卑心。啟動牌或星星牌象徵光芒與你當下擁有的「星際特質」。無論如何，重要的是不要困惑且迷失在虛假的魅力光彩中。

　　這種啟動發生在星相層面，當循環來到高峰，有益的潛力就會顯現。專注在向外移動的時間已經來到的這個事實，依循著你的計畫與遠見來實現夢想。與他人分享你的點子，尋找讓你覺得自己被看見，志同道合的朋友與點頭之交。這是你伸出手去碰觸星星的時刻，「啟動」是服務的道路，問自己如何能盡最大的力量去服務世界？

自然藥方：野玫瑰與蘋果花

　　好幾個世紀以來，女神與玫瑰兩者被相提並論。五片花瓣的玫瑰映照出五芒星的神聖美麗，兩者也同時在神祕學上與主宰神聖女性奧祕之道的金星有關，在沙特爾大教堂的彩繪玻璃「玫瑰之窗」上，可以看到玫瑰與三態女神之間眾所皆知的關聯性——與崇拜黑色瑪丹娜女神有關，她眾多不同的分身包括如伊西絲、蘇菲亞與聖母瑪麗亞。在基督教的文獻中顯然而見的「玫瑰園」這個字，其實最早是指「玫瑰圈」。如同玫瑰，五芒星

蘋果花所代表的正是三態女神現實界的顯化。在蘋果中央神祕地隱藏著一個完美的五芒星。在神祕學中，這代表著伊甸園中夏娃與蘋果的關係。

　　玫瑰的精華是靈魂的享受，能夠將心的通道打開，讓純淨的光與無條件的愛能夠流過。野玫瑰花精能夠幫助情緒體去除懷疑與消除憂鬱。蘋果花精加入洗澡水、噴霧瓶，或是擦拭在身體上都很理想的配方，是靈魂的清潔劑，比起其他配方更能夠淨化與更新。口服的方式能夠釋放那些干擾女神博愛能量的念頭與情緒。

　　這些美麗的禮物是大自然的恩惠，因為它們的存在來自於女神花園的寶物。將你的碗盛滿野蘋果，在家裡四周擺放插著新鮮玫瑰的透明花瓶，在各處點燃蠟燭。如同鏡子般映照出玫瑰與蘋果的星際力量，讓蠟燭的光提醒你內在核心的星際力量。

靈魂訊息

我即那綠色地球與星叢間皓月之美人，

也是那水的奧祕。

我召喚你的生命躍升且進入我，

因我就是賜予宇宙生命那大自然的靈魂。

萬物自我而來，且萬物必歸回於我。

讓對我的崇拜來自於歡慶的心中，

孰不知一切愛與喜樂的行為都是我的儀典。

讓你內在的喜悅與崇敬賜與你美麗與堅忍，

力量與慈悲，榮耀與謙卑。

那些正在尋覓我的，要知道你的追尋與渴求無法幫助你，

除非你知道這個奧祕：

你所尋找的若不能在內在找到，外求永難尋獲。

看哪，我自源頭即與你常伴左右，直到慾望的盡頭。

——傳統「星際女神宣言」（Charge of The Star Goddess）

【星際神鷹（Starhawk）的版本】

18. 月亮的誕生
Birth of the Moon

新月教導我們循序漸進與醞釀的智慧,如何緩慢地將自己誕生出
來。有耐心地處理許多細節,造就完美的偉大作品,如同那宇宙般。

——魯米

傳統塔羅圖像:月亮(The Moon)

傳統解讀

在成就智慧的王者之道路上,月亮牌要挑戰你再次進入黑暗的領域,
但這次的黯黑卻暗暗發光。在經歷過高塔與星星的力量後,你發現自己進

入另一個下沉的階段，這次卻有著月光的庇蔭。跟潛伏於人類集體下的意識之流打照面的時間到了。這段旅程對大部分人來說是狡猾的，如果你至今為止都迴避了女神濕潤肥沃的領土，在黑暗中進入她智慧的道路可能會充滿恐懼。

內在的旅程，進入夜晚的女神，象徵人類本能地需要下降沉入深處，重新獲得身體原始的智慧。月亮就是母體、子宮、神聖光的容器、夢的啟示、天堂裡反射太陽光的暗夜之光。太陽與月亮之間的互相消長，代表著人類在光明與黑暗的奧祕中舞蹈著，於意識與潛意識，理智與直覺之間。

月亮是光的影子，提供能激起想像力的生命觀，並燃起靈魂的直覺之門。在月光所照亮的風景裡，形狀與聲音都帶著如夢般、超現實的質感。月亮女神永遠只用同一面對著地球，看不到的那一面象徵著神祕、隱藏的神聖女性力量。我們希望能夠張大眼睛去理解生命的豐富。無論如何，我們必須要在自己感受力的黑暗洞穴中晉見月亮，如此一來我們才能躍升進入新的意識與理解之中。

煉金術與轉化

月亮的奧祕與女人的儀式儀典在過去五千年裡被埋沒，三態女神的缺席造成了人類精神的創傷，並帶來後續嚴重的影響。一些靈魂的戰士，諸如榮格（Carl Jung）與阿娜伊絲·尼恩（Anaïs Nin）──包括許多歷史上才華洋溢的藝術家──召喚內在世界水波盪漾的領域，藉此激發靈魂中細膩的直覺力量。榮格心理學大力讚揚透過下降進入潛意識中，一個人能夠重新獲得自我失落與破碎的部分，進而變得完整圓滿。

三態女神神諭卡的煉金術牌第十八號，是回家的旅程「月亮的誕生」，三態女神至高的能量透過天堂藍紫色的地景脈動著，夜空的色調，釋放出

珠寶的光芒與智慧的珍珠，要成爲我們天際的月亮。她的影像讓我們想起月亮女神古老的傳說。莎利・尼可拉斯（Sallie Nichols）說道：

> 每個夜晚，月神會將所有人類遺忘的記憶與失落的夢都收集到她裡面，這一切都被收藏在她銀色的杯子至破曉。於是，在第一道曙光中，所有被遺忘的夢想與漢視的記憶，以月亮的甘露或露水回歸到地球上。混合著「月亮的眼淚」（Lacrimae lunae），這露水滋養並使地球上所有生物感到煥然一新。有女神慈悲的照料，一切人類有價值的東西都不會消失。

在薩滿的傳承中，通往內在的旅程有進入靈魂上部世界與下部世界的領域。薩滿的道路能讓一個人與來協助的靈魂或導師連結，作爲連結過去與未來的橋樑，仲介頭腦意識與潛意識，行走於夢境之間。在這個奧祕的靈魂旅程中，一個人通常可以召喚動物靈作爲靈魂伴侶與信任的同盟。

月亮女神通常與動物王國有密切的關係，例如在希臘神話中，處女月亮女神、阿蒂蜜絲・黛安娜（Artemis Diana），或「野獸之后」，她被描述成爲了保護動物而在森林裡奔走的角色。在傳統塔羅牌的圖像中，動物靈或是原始的潛意識，常被描繪成一隻狗對著月亮吠叫。在三態女神神論卡中，吠叫的狗搖身一變成爲一隻夢幻般的雄鹿，在三態女神後方昂首闊步。「月亮的誕生」是她流動的覺醒狀態。雄鹿——與男性性能量及靈魂的律動有關——保護並榮耀她進入大自然與天堂次元的奧祕旅程。這個影像代表著阿尼瑪與阿尼姆斯，心靈層面陰性與陽性之間相互支持、充滿力量與療癒的關係。

這個層次的啓動，心意已決的求道者再次掀起女神的面紗。月亮女神

星空燦爛的世界，再次顯化爲靈魂的疆域。在這裡我們與日常生活中尚未成型的感受及概念相遇。這個階段很類似在白牆或螢幕上，用手指頭製造出來的皮影戲。形狀能夠被改變、塑型並流動，因月神水樣的世界是毫不停滯的。她無上的智慧同時牽動著心理的想像力與靈魂的才華。

覺醒的原型：月亮女神

在許多象徵女性靈性肥沃、母性特質的眾多女神之中，阿蒂蜜絲（帶著銀色弓箭的少女），黛安娜（狩獵女神）與伊西絲（容器的守護者）是西方世界最常見的女神。阿蒂蜜絲與黛安娜代表著渴望進入心智未知領域原始的衝動，或稱爲「處女般的森林」。據說，太陽、月亮與星星從她神聖的容器中升起。她先於神聖蘇非亞與處女瑪麗亞；袘們都是三態女神高貴傳承的貢獻者。

月亮女神向來是保護庇蔭的神祇，帶著關愛觀照著地球上所有的生物。她以身作則教導我們，延伸自己去超越獨立個體的界線，進入服務世界的領域。因此，月亮牌預告著成就智慧的王者之道路上很重要的一步。提醒我們必須學習忍受在靈性上成熟的過程與分娩之痛，來將「月亮誕生」至我們的生命裡。隨著發現世界上更偉大的知曉與智慧，我們都有天命成爲月光的火炬。

你被邀請踏入月光的光暈，讓女神波光粼粼的光照亮你的旅程。月亮女神教導我們進入親密關係的「處女之道」。她展現了只有透過內在達到「完美的融合」時，我們才眞正準備好在世俗的世界許下婚約的靈性法則。月亮的道路允許我們每個人去探索集體潛意識的浩瀚領域，並解開靈魂深處的奧祕。

日常作息

　　令人感到難過的現實是，許多女人都害怕夜晚與深淵，以及幽暗的森林，這兩個領域是女性靈魂能自然蓬勃茁壯的所在。不幸的是，與其在偉大原始母胎的狂喜中熟悉這些領域，我們召喚出的影像卻包括被性侵的可能、性騷擾或是謀殺。在日常生活中，有許多方式能讓我們再次確定自己與夜晚及黑暗親近的天性。大學校園中的接送服務與「還我夜晚」（Take Back the Night）的遊行都確保女性能夠安全地度過夜晚。女人與男人都必須成為部落的「照顧者」，決心要療癒目前世界普遍的治安敗壞與人們之間信任的裂痕。

　　這個重大的任務需要的不只是接送服務與遊行。為了能根據月亮卡的法則來生活，我們必須拒絕觀看那些將女性角色描述成無助「暴力受害者」的電影與電視節目。月亮牌會觸碰每個人類內在母親的原型。你現在安全嗎？你需要幫助創造一個安全的環境，讓其他人能夠繁榮滋長嗎？你處於靈魂黑暗處時能感到舒服嗎？你會想要去保護那些我們之中特別脆弱的人嗎？你有好好照顧自己嗎？月亮是位於人性心中的智慧珍珠，照亮著進入集體潛意識奧祕的道路。

自然藥方：暗夜之后仙人掌

　　暗夜之后仙人掌這個名字取得很恰當，因為它在沙漠的暗夜裡，散發出如同皇冠般的光芒，並且在太陽升起前關閉綻放的花朵。它能在地底下長出重達八十五磅的巨大根部裡，儲存大量的水分。這大自然的奇景，好比象徵著人類個性底下所蘊藏的智慧之庫。如同暗夜之后仙人掌要對著世界綻放它奇妙的花朵時，會先潛入自己生命力的寶庫，同樣地，也有教導

告訴我們要去深入自我靈魂閒歇的片刻，爲了能將我們眞正輝煌壯麗的樣貌帶到這個世界上。任何人都可以從源自於女神子宮的智慧水池擷取智慧。這口滋養之井的禮物透過神聖母親的產道而生。暗夜之后仙人掌能夠幫助我們個人與女神豐盛的生命力量之井連結。

在花精之中，暗夜之后能將隱藏的祕密潛力帶出來，使人能夠感受到這些靈魂深處封鎖住的特質。當一個人在心理與靈性上「乾掉了」的時候，就適合使用這個花精。深入你心理深處暗流，並發覺你內在生活濕潤肥沃的根部。暗夜之后會幫助你與月亮、夜空和隱祕世界的魔法調頻。

靈魂訊息

我是天堂母胎的霧氣與廣闊的海洋。地球上的潮汐與水都回應著我不斷改變的倒影。我允許我魔法般月亮的光芒照亮內在的道路，通往內在那能夠解除我靈魂乾渴的地方。我感受、作夢、想像，並向那在甜蜜明亮的夜晚中，擁抱我靈魂的女性光球之靈敞開。

19. 與太陽共舞
Dancing with the Sun

願陽光長久地照亮在你身上，

所有的愛都環繞著你，

願你內在純潔的光，

帶領你回家。

帶領你回家……

——傳統蘇菲祈禱辭（Tanditional Sufi Blessing）

傳統塔羅圖像：太陽（The Sun）

傳統解讀

太陽牌是大阿卡納牌的第十九號牌，十九最後化為一（19=1+9=10=1+0=1），象徵著已經成功跨越成年禮的考驗。月亮代表人類靈魂動態、閃亮的中心，以金色喜樂輝煌的光閃耀著。旅程的這個階段，我們踏出月亮潛意識水的範疇，進入到太陽令人感到炫目的樸實中。這樣的存在提醒我們，生命是一個充滿奇蹟與冒險的巨大燃燒圓球。向我們保證純潔的思想、理智與行動正籠罩著地平線。

在傳統塔羅牌中，太陽牌的圖畫描繪著一群孩子們，象徵著從靈魂中解放愛玩樂、天真的生命力。這是靈性發展的新階段，小孩代表著自己最自然的樣子，重新發現內在小孩帶著快樂與滿足的寶藏去經驗每天的生活。那「不可承受之輕」透過小孩的天真無邪，變得能夠忍受。透過太陽，我們重新跟覺醒的轉化潛能連結，如同生命之樹從慌亂如麻的情緒與恐懼的沼澤中升起。

太陽牌帶給人目不轉睛的喜悅。身體、靈魂與精神歡欣鼓舞，靈性無條件的愛與身體合而為一——當然不是一件容易的事情。太陽代表著在成就智慧的王者道路上，一段艱辛的旅程後靈魂之提升。被啟發踏上這條路的人，現在更近一步接近覺醒的終點，經驗到許多轉化中閃閃發光、狂喜的片刻。無論如何，我們必須記得佛陀覺悟的話語：「所有的眾生生來即已覺悟，只是我們需要花一輩子的時間去發現這件事情。」

煉金術與轉化

與太陽共舞牌代表著個人必須放棄過去的教條，接收充滿廣闊知識藍

天般的視野與新經驗的時間點到來。我們全都曾經驗過日出與日落的輝煌，每天升起的太陽好比鏡子，照映出我們與生俱來的美麗，以及獲得新寶物與獎賞的希望。早晨的太陽光啟發大地母親展露她甜美花朵精緻的臉龐，讓它們能夠起身向明亮的天空打招呼。在白晝中，人類的眼睛能夠捕捉花卉與樹木燦爛的顏色，那些精緻的圖案看起來彷彿是由精靈自己親手畫製的。在煉金術的文獻中，太陽是一個充滿法力、火熱的元素，以閃爍如水晶般的火焰賦予水與土地力量。能夠嬗變、轉化並聯合天地兩極。太陽——作為月亮的雙生靈魂——照亮月亮的臉孔，我們的潛意識，使我們更能夠看到自己的黑暗。太陽是我們上升的星星，讓每個靈魂都活在溫暖光芒四射的祝福之中。

圖片中生氣勃勃的女神，她處於全然的喜樂中，這就是「與太陽共舞」。圖案不言自明，她的「太陽裝」深深地染上日出與日落輝煌的色彩。她腰間深色的腰帶象徵著律動的生命之舞懷中的奧祕。她身後美麗的天空，以花瓣裝飾著，代表著大自然用光與豐盛洗刷著她。太陽的圓型球狀象徵馬雅的生命之輪，跟許多古老文化相同，太陽是馬雅人的生命源頭。太陽牌裡舞蹈著的女人體現這神聖、主動創造的力量。

在這個階段的啟動裡，被創造力的無限熱情與喜悅所祝福。帶著尊敬與感恩舞出這美麗的生命，你爭取到這股金色精華神馳的力量，但你所能夠擁有的，也只有跟你能與這世界分享的那麼多罷了。這道光來自於服務的火炬，必須從人的心中放射出來。這張牌由占星術中的獅子座主宰，獅子座主司心的力量。所有的行動與創造的努力，都必須來自於這無條件愛的源頭。

覺醒的原型：夕陽女人

在杰米・山姆（Jamie Sam）的書《十三位原始宗族的母親》（*The*

Thirteen Original Clan Mother）中，我們學習到北美原住民之間關於太陽的母系社會傳承。例如，我們認識到夕陽女人（Setting Sun Woman），她是明日夢想與目標的守護者。她教導我們作為一位照顧者在地球上生活、生存並勃發的意志。讓我們看到如何帶著誠實與誠信去做每件我們做的事情，以確保明日的光明。夕陽女人位於藥輪的西方，女性法則的所在。

你被邀請來與夕陽女人共舞，無論你在沙灘、爬山，還是在花園裡種花，散步走過你家附近，或是坐著觀賞一場籃球賽，向你神聖的感官經驗敞開吧！太陽的溫暖擁抱著你存在的每個分子。感謝女神的光輝，將窗簾打開迎接日光，飲用太陽所滋養過的氣泡水，吸收太陽的光芒，讓它們刺穿你最深自我的核心，享受你的人生。

日常作息

太陽代表著自我意識與小我身分。一個透明，能夠被穿透的小我使靈性的光閃閃發光。與太陽原型連接時，因為接受並肯定生命的力量，將使我們更寬厚且慈愛。

每天，當這個原型環繞著你時，試著設定新的目標與夢想會對你有益。去看到懸崖的彼端，擴展你的地平線，照顧到以你以降七代子孫的福祉。培養對我們地球的同理心與慈悲心，並遵循環保的智慧生活。帶著權威發言，不要害怕你的力量。以你驕傲與寬容的天性，帶著謙虛與服務的精神行走在世界上。提升超越你身邊其他人瑣碎的擔憂。成為一道光芒，與世界分享你的喜悅。

自然藥方：向日葵

向日葵的希臘文是「helianthus」，直譯就是「太陽」（heli）與「花」

（anthus）的意思。這種堅韌的花朵能夠長到十二尺高，主要生長在北美。在夏季的月份中，它會堅定地隨著太陽移動。它金黃色的花朵精細地由許多螺旋狀排列細小管狀的小花所組成，這象徵著太陽穿越天堂旅程的微型宇宙模型。在這個循環的尾聲，向日葵將向土地鞠躬彎下頭，將它豐盛的種子獻祭給大地母親，以獲得再生。

這美麗的夏季之花，它美好的存在如同太陽，是太陽女神送給人類的禮物。我們或許會把向日葵看成仁慈的權威與領導者的典範，因為它雖然比其他花朵都還要高大，卻從來不壓迫其他花朵。甚至，向日葵會帶著高貴與節制向上移動。向日葵以它的太陽之舞聞名，因它光芒四射的頭會跟隨著太陽的軌道行徑循環。在許多層面上，這花朵是大自然的太陽之舞。

當一個人專注在發展更高層次的意志力，將注意力帶到新層次的領導力與獨立面向時，向日葵的甘露是相當理想的配方。它能夠加強自我信心，重新啟動身體的生命力。當服用這個花精時，你可能會感覺自己正在啜飲著太陽金黃色的甘露，沒錯，你就是在喝太陽的甘露。

靈魂訊息

做所有你可以做的，

用任何你可以的方式，

運用所有的方法，

在所有你可以的地方，

對任何你可以的人，

能夠多久，就多久。

—— 約翰‧衛斯里（John Wesley）

20. 煉金術

Alchemy

我從喜悅而來，

為了喜悅而生，

在你那神聖的喜悅裡，

我將再次溶化。

——尤甘南達（Yogananda）

那毛毛蟲稱為世界末日的，大師稱之為蝴蝶。

——理查·巴哈（Richard Bach）

傳統塔羅圖像：審判（The Judgement）

傳統解讀

　　傳統塔羅牌中，審判牌描述著一位男人與女人站在墳墓上，以崇敬禱辭迎接著新生的靈魂。中央的影像可以看到一位神聖使者或天使，回應著呼喚覺醒的號角聲。象徵兩個墳墓上的人物，迎接過去曾在陳腐的審判泥沼中，糾結的心智重新回歸。

　　在上一張牌，太陽牌——象徵意識在提升的狀態——被引來幫助人類靈魂提升，療癒過往的創傷。審判牌代表的自由更爲深刻，因一個人承擔了過去所有行動與作爲的責任。成就智慧的王者之道的這個階段，預示了靈魂的重生與頓悟，在一個新的層次上獲得療癒與對自己的愛。回歸心的中心後，現在已經準備好去原諒並去愛小我，這是尚未到達這階段的成熟與成長之前無法做到的。

　　審判牌標示著新的人生循環的開始，這力道會將人帶往下一張牌——世界。被啓動者正在建立新的自我；以往的人格角色與個性被清理並淨化。無論這人是否享受外在的成功，這張卡指出靈魂生命的轉化，最終將促成身體、靈魂與精神美麗的結合，一個人眞正的自我也從此覺醒。準備的過程當中，有時相當殘酷無情，卻是必要且適當的。

煉金術與轉化

　　在傳統塔羅牌中，審判牌象徵著「審判日」，這時靈魂將受到一個外在的「創造者」審判。如果我們能夠爲我們的生活負責，並學習來自高意識的教導，如此，就能看穿這令人懼怕神話的背後。在成就智慧的王者之道上，我們有數不清的機會去衡量過去作爲的善惡。我們向內探尋，找到

黑暗的影子，尋尋覓覓靈魂的寶藏。此時，在這個十字交叉路口，我們必須全然地面對生命抉擇與經驗的一切後果。在這個階段，徹底地清理與結算必須發生，那些被拒絕或被隱藏的必須出現，無論好壞。的確，審判牌是個警示。靈魂的療癒深深地刺穿著，然而——如果被啓動者夠幸運走到這麼遠的地方來——他或她在這段時間的自我省思或淨化中，一定可以找到太陽的蹤跡。

圖片中的女人搖曳擺蕩著，被白色的蝴蝶圍繞著。她的袍子如溪流般流動，好似瀑布，清洗並淨化她內在祭壇心的力量，爲了她靈魂的療癒歡慶著。香水百合，傳統上象徵基督聖潔的形象，被納進她的袍子內。如管子形狀般的花朵，象徵覺醒之日所吹起的號角。她綠色的身體象徵與地球之靈連結，因這靈魂與輪迴的喜樂對上了頻率。

在三態女神神諭卡中，這張牌代表著個人內在與地球整體正在發生的療癒，所做出的努力。因每個人都回應高意識的召喚而提升，地球整體也因此受益。在這個階段的啓動中，守紀律的求道者將意識到靈魂的旅程，進入到地球這個次元之前存在的小我身分。積極地進行乙太（etheric）工作與運用靈性力量後，這一世靈魂活出了許多經驗，收集許多印象，也學習到諸多課題。人類帶著他或她的人生故事去經歷許多輪迴的旅程。

透過數不清的事件，眞實的死亡與比喻上的死亡，人類的靈魂會經歷一個變態的過程，到此爲止的生命將被全部徹底盤點。煉金術牌只是提供原型的圖案，來讓我們這麼做。我們起身、歌唱，將我們的心敞開來療癒自己及地球。

覺醒的原型：夏娃

在猶太教與基督教的脈絡中，三態女神被鋳上了夏娃的原型，她背負

著使人類「墮落」的罪名，使人類離神越來越遙遠。我們必須開始療癒這影響甚鉅，源自於創世紀與其他千千萬萬的故事，所造成深刻的創傷。女人與男人在過去的三十五年多以來，做了許多努力。現在很多人開始尋找方式，重拾與神聖女性能量的關係。三態女神重新出現在世界上的時間已經來到，為了替她那引頸期盼的歸途鋪路，我們必須重新評估女性在歷史與日常生活上被曲解與誤會的狀況，並開始解開扭曲的信仰及臆測所形成的絮亂之網。

沒錯，回到地球的道路需要重力。無重量的靈魂，在我們的乙太體中轉化成實體，顯化於沉重身體的物質樣貌。然而，認為在輪迴的過程中必須遠離女神神聖大母胎的想法，是個悲劇般的錯誤。我們被灌輸這股無條件愛的力量存在於我們之外。現在，當我們邁向眾愛萬物的女神，也就是我們終極的天性時，我們被給予機會去用她的方式，作為一個愛與光的全息光束生活在世界上。

你被邀請進入夏娃神聖的花園，那是女神恩惠的所在。地球上肥沃富饒的區域體現著人類體態之美。花朵與植物依照人類的樣貌被創造出來，就如人類同時也是大自然的對照；我們常常會說：「他有玫瑰般的臉頰」、「她如同橡樹般堅毅」、「她有著櫻桃小嘴」、「她如同百合般潔白」。在療癒靈魂與身體的過程中，我們會發現大自然是我們最偉大的盟友。大自然並不會去批判，也不會恐懼。大自然依照各種不同的循環與韻律，毫無抗拒或掙扎地循序走過。透過回到伊甸園，在此一切的批判都被療癒，只有愛存在，我們期待著這段旅程的最後一步。

日常作息

每天我們都有機會誠實地看著鏡子，清楚地看著鏡中的自己。如同煉

金術牌所顯示的，爲了要過一個快樂的人生，我們必須堅決將自己交付出去，讓命運推動著向最高的眞理與愛邁進。在成就智慧的王者之道上，正義牌，也就是第十一張牌，教導我們依循超越人類邏輯的宇宙法則與評判的系統。表面上，日常生活中發生的事件與情況並不總是那麼公平，有時會讓我們很難去欣賞這些事情更深一層的意涵。例如，摯愛的人突然過世，或是奪取許多人性命的災難，令人覺得生命完全是隨機、殘酷且沒有道理可言。

我們該如何去理解這樣的事情發生？在情勢艱困時，靈魂能夠向一個更高的計畫臣服，這個計畫需要足夠的信任，並願意接受靈性的引導與無條件的愛。宗教與靈性修持能夠幫助我們度過這些時刻。當一個人願意放棄在理智上毫無斬獲的努力，並與神聖的愛合而爲一時，煉金術牌會出現。當我們能夠使用心來過濾生活時，我們幾乎可以轉化批判與責備。當改變與轉化的時間來到，祈禱與靜心能夠療癒靈魂。花點時間，以一個靈性的觀點去理解人生對你會有幫助。在大自然中進行長時間的漫步，觀看鳥兒在晨光如何天眞地歌唱。選擇一株植物或是一棵正在開花的樹，記錄它生命週期的演化進展。想像你也能夠以類似的優雅與感受力，隨著你生命的藍圖移動。

將自己交付給與三態女神自然韻律和諧運作的人生。你覺醒的道路必須承擔這非常重要的一步。請你完全眞實，請你完全誠實，對你的信念有勇氣，你的下一步正等待著你，你的使命等待著你去完成。

自然藥方：復活節百合花

復活節——傳統上，復活節的名稱來自於女神艾歐絲翠（Eostre），或歐斯塔拉（Ostara）（之後被稱爲阿斯塔蒂）——根源來自於前基督教榮耀

三態女神的祭拜典禮與儀式。與春天有關，是大地重生的信號。復活節在歷史上都與月亮週期與兔子有關，對東方或西方文化的女神都是相當神聖的日子。在這個脈絡中，復活節彩蛋代表著生育力，以及新生命「勃發」的意思。

復活節百合花是重生與潔淨的標誌，它是一朵美麗的花，在復活節悄悄覺醒的季節來臨時，將自己奉獻給人類。它白色純潔的杯子形狀，象徵著靈魂的花囊即將流出女神神聖的甘露。作為花精，復活節百合花能淨化身體的內在聖殿，促進靈性與性能量中心的合一。復活節百合花能夠療癒有關性器官與性生活的煩惱。久久不能逝去關於過去的創傷、情緒崩潰、潰爛的仇恨與批判，除非有朝一日能以愛去觀照並清理，不然總有一天會導致疾病。復活節百合花能協助療癒與轉化過程中最重要的部分。

靈魂訊息

你的確會真正自由的，

並不是當你的白日不再有擔憂，

夜晚不再有匱乏與悲痛時。

而是當這些事物羈絆著你的生命，

但你能超越它們，赤裸裸且毫無拘束時。

——紀伯倫

21. 覺醒的愛神 （譯註，愛神即愛芙羅黛蒂）

Awakened Aphrodite

我們在寧靜與喜樂中出席，

這一天療癒將到來，

這一天分離將結束，

我們將記起自己真正是誰。

——奇蹟課程

傳統塔羅圖像：世界（The World）

傳統解讀

世界牌代表著成就智慧的王者之道漫長旅程的巔峰。終於，我們從過去使我們遠離自己本性的頭腦禁錮中，被解放了出來。情緒與靈性的特質重獲和諧，身體獲得健康與活力。終於，自由與形式能結合，人類同時完全轉化並在靈性上校準。人類的靈魂歡慶著。

在傳統塔羅牌中，圖像裡的女人在一個裝飾的花圈中央舞蹈著。占星術中的四個固定星座——獅子座、金牛座、水瓶座與天蠍座——位於圖案的四方角落，代表著大自然的四大元素：火、地、空與水。中央的自我代表著靈魂的平衡——現在完全重生於屬地的命運——履行了他的「神聖合約」。她的舞蹈代表了靈魂的熱情，因她已與神聖的女性能量合一，與創造的母胎重新連結。舞蹈象徵生命自然的流動，如同鏡子般照映著自然的韻律。在希臘哲學中就是蘇非亞、神聖智慧與舞蹈。在佛教與印度教的教導中，生命之舞構成了日復一日存在的基礎。大自然、人的身體與宇宙，都在能量的智慧中舞蹈著，在和諧的韻律中擴張與收縮著。

世界卡標示著離開的時刻到了：你的靈性生活與人間生活完全融合在一起，朝更廣大的服務領域移動，行走在成就智慧的王者之道上的人，接受所有被賦予的責任。

煉金術與轉化

在求道者邁向更高意識的二十二步驟之旅程中，第一次遇見創造的全貌。四個角落的星座代表著大自然與人性的所有面向，包括動物、植物、星星、海洋、生命之水與神聖的智慧。在統合世界圓圈中舞蹈的女人，全

然地與世界共鳴，並依舊保持自己的完整。她的道路相當獨特，舉世無雙，隨著她舞出服務與喜樂的潛能。她完全敞開地站立著，並靜待差遣，接收著意念與行為的力量。從這一刻起，靈魂全然地覺醒且處於當下，能去面對日常生活的挑戰，而不墜落於靈性的分離之中。

在三態女神神論卡中，我們遇見了覺醒的愛神，是大阿卡納牌第三號皇后牌覺醒後的型態，處於靈魂進化中的初期階段。作為皇后，她體現愛與智慧，將魔術師與女祭師的禮物及夢想帶來地球上。在第二十一張牌中，現在皇后已經到達她的巔峰。

圖案中是覺醒的愛神，據說她是從「海洋的創造物」中誕生的。她也稱為「海洋的處女」，象徵海洋女神或美人魚的魅力。她並非主司富饒的女神，而是最高形式的愛與奉獻之女神。她療癒全人類的心，因此她心中有一朵蓮花綻放，她的手臂向內且向外伸展，因她擁抱著內在的奧祕與太陽所照亮的道路。她站著的山谷就是地球的子宮，神聖創造物的聖殿，在這裡水永恆地流動並再生。她頭頂上的新月象徵新的開始，她藉由：土地（實際上的影像與顯化的事物）；水（滋養、安全與情緒上的信任）；以及天堂（靈性的感受力、直覺與啟發）來維持著。

在這個階段，這位有經驗的老手知道超越懷疑的陰影，能夠在其中找到生命的教導，我們每個人都能透過自己的努力與意願全然覺醒而自由。新層次的靈性洞見與滿足固定地湧入，並已經內化。創造力與生命力之井終於出土，以更大的慈悲與技巧去服務世界的力量脫穎而出。不再隱藏你的光芒，因再也沒有地方能讓你躲藏。

覺醒的原型：覺醒的愛神

愛芙羅黛蒂的原型來到了三態女神神論卡的巔峰。她回歸到她原始的

意涵與特殊性。愛的概念，特別是西方世界價值觀的透視鏡所看到的愛，已經被揭露它的缺失與本質上的錯誤——只是稍縱即逝的經驗，而非永恆不變存在的精華。某種程度而言，我們需要擁抱這個對愛的誤解，在徒勞無功的努力中，往錯誤的地方尋找愛芙羅黛蒂，遍地尋找卻不往內探尋。愛芙羅黛蒂的鏡子被幻象的煙霧矇蔽，被浮華所扭曲。阻止我們看到我們內在女神的樣貌。

幾千年以來，愛芙羅黛蒂被蒙上面紗。現在，三態女神神論卡中，覺醒的愛神以最純粹的樣貌迎接她的擁護者。她全身散發著迷人且熱情的能量，生氣勃勃地帶著愛的電流。當我們繼承了許多她的禮物，我們移動身體的方式變得更優雅自信，我們的觸覺是官能、療癒的，所有的感官都變得更敏銳。

你被邀請進入覺醒的愛神富饒的世界中，她的雙手向外敞開迎接著你，因為她想要將你擁入懷中。進入她懷抱的途徑，意味著持續不間斷的洞察力，因她體現了愛的真諦。她不再被誘惑所困惑，因那是根基於恐懼的，置身愛中的人毫無懼怕。她在自己的靈魂中找到真正的合一，並邀請我們共襄盛舉。覺醒的愛神對所有的男人與女人都充滿了慈愛，拒絕延續對其他女人競爭與忌妒的道路。她在自己的身體裡面感到自在，對生命的恩惠感激不已。她將這份喜樂分享到她周圍，將許多事物吸引至她身旁，因她懂得辨別之道。

日常作息

男人與女人兩者都可以展現愛芙羅黛蒂的原型，這個世界極需要她，特別是她覺醒的樣貌。我們可以透過學習如何適當地享受人生來啟動她，或是對我們所擁有的一切表達感激：感激我們的健康，感激我們與生俱來

的女神，感激我們願意去尋找屬於自己的寶藏，並將它向全世界分享的意願。你正在讀這本書且使用三態女神神諭卡這副牌的事實，代表著你有深入神聖女性能量，並將她重新帶回到這世界的深層渴望。

讓自己休息，需要睡覺就睡覺，時間到了就放假，去玩耍。不要超時工作或將自己埋在競爭的工作習慣中，這樣的習慣只會延續所有社會中的父權制度，無論是對男人或女人。女人重拾生為女人樂趣的時候到了，這是所有當中最重要的工作。如果你要產出偉大的藝術品，請帶著喜悅去做。如果你是作家，找到精確的辭彙與句子去餵養你的靈魂。如果你是舞者，將你對律動的愛灌注到你所做的一切之中。覺醒的愛神接受生命，她神采洋溢地活著。除此之外，她對全然誠實地去愛這件事情毫無恐懼。榮耀你自己，愛就會上千倍地回歸於你。

自然藥方：蘋果花／玫瑰／百合花的女神花束

這三種花被選來獻給覺醒的愛神，因她宣告著神聖女性能量在所有面向的回歸：靈性、靈魂與身體。生命的豐盈賜與她神聖的玫瑰、來自啟動眾星之后的蘋果花、重生的百合，以及來自煉金術的淨化。你被邀請來閱讀這些牌自然藥方的部分，為了能更近一步了解三態女神神諭卡中，代表覺醒的愛神之特質。玫瑰長在她心中的洞穴，百合代表她靈魂的水，蘋果花象徵她星星能量的精妙化身。全然地實現且美麗無比，覺醒的愛神以行動、言語及善行，向整個世界分享這束花束的芬芳。

靈魂訊息

我們是鏡子，也是鏡中的容顏。

我們在此刻品嘗永恆的滋味。

我們是傷痛，也是那能治療傷痛者。

我們是那甜美的冷泉，也是那傾注而下的瓶子。

世界的靈魂，

沒有生命與世界殘留，

沒有美麗的女人與炙熱渴求的男人。

唯有這古老的愛環繞著那虛無的神聖黑色之石。

在那裡去愛人的人被愛，

地平線與一切都在其之中。

——魯米

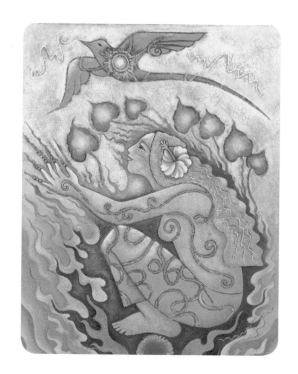

22. 無盡的祝福
Infinite Bliss

喔，快樂的靈魂，他的身體已經從地球升起，

地球是你棲身在這世界時漫遊散步的地方。

被預設爲神性的鏡子，

你受到神性的想像力與智慧所加冕。

——赫德嘉・馮・賓根（Hildegard of Bingen）

煉金術與轉化

在傳統塔羅牌中，最後一張大阿卡納牌，是第二十一張的世界牌（呼應三態女神神諭卡中的「覺醒的愛神」），隨之而來是零號牌「愚人」。

這是因為一個人不會真的結束塔羅牌裡周期性的、煉金術般的旅程，正如同一個人從未能完成生命的旅程。我們總是回到自己的循環，遇見生命的課題、挑戰，然後在更高層次的演化渦旋裡慶祝，完整的循環周期是從代表最高水平的世界牌，一直到代表臣服深度的愚人牌。

在三態女神神諭卡中──雖然我們榮耀前面所提到旅程的循環周期──我們將煉金術的過程延伸超越傳統塔羅的「世界牌」，是為了涵蓋四種連結三態女神新的原型意象。這些牌卡包括了如同皇室加冕的鐵三角煉金術卡，外加第四張牌「三位一體」，它代表以最純粹、最本質形式演化，以及再生的神聖三位一體之永恆星火。女神在此時哄著我們往更高意識的方向演進，因為寄望我們會發現與神聖女神之間的一種足以感激、授予權力的關係。

三態女神再一次向我們呈現她自己，為了千禧年，她從她豐盛的心傳送出無限祝福，為了我們在地球上可以修復愛與智慧，並且將這份豐盛向外面天際延伸。以靈魂為中心、胸懷大志者被賦予機會，以光的形式再次誕生，如同一朵奇蹟的花，又如月光般容光煥發。每一個人都帶著全然體現的潛能，即使將靈魂狂喜般祝福具體化時也一樣。逢此契機，生命周期循環向著宇宙真理旋轉，在這裡，個人放下掙扎與對過去經驗的紛爭，帶著新的角度與純淨再次遇見因果業力之輪。

想像這裡是三態女神的無限福佑，原始子宮的生命之水受到純粹本質的宇宙波所包圍。發芽的葉子朝向光亮的天空和她拱起的發光綠色身體上方生長，象徵她感性的整體與自然連結一致。支持她身體似紅寶石的珠寶是根輪象徵，隨著紅石榴肥沃的種子，現在已復原並再生。裝飾她頭髮的木槿花象徵第二脈輪，位於身體的薦骨中心，在那裡熱情遇上靈感的火焰。一隻天堂的鳥兒在她上方翱翔，歡呼著黎明的到來與女神的回歸。

在此階段的開端 —— 透過日常的禱文、靜心和靈視 —— 人類的身體開始蛻變為無限福佑。身體器官被強化，而且升起新的感知力。為了得到真正平和與自由的先決條件已經被完成了。

覺醒的原型：西藏的大樂佛母

當無盡的祝福這張卡出現時，你可以藉由西藏神祇大樂佛母的能量精髓來解讀。裸著紅色身體，大樂佛母站立著，一隻腳稍微在另一隻腳前，矗立在一個光芒四射的日輪上。她右手握頭骨鼓，揮動著鼓約高至耳畔處，左手握著彎刀在側邊。她站在兩個重疊的三角形裡，這兩個三角形形成六個端點的星星。在星星之外是一系列發亮、呈半圓彩虹般的彩帶；最後，一陣帶狀火焰環繞整個意象。

這兩個重疊的三角形 —— 一個指向上方，一個指向下方 —— 代表她宇宙的頸部，在這裡她同時可以將靈魂蘊生為形體，將形體蘊生出靈魂。她的姿態更進一步象徵靈魂與形體的相互依存，因為她一隻腳停駐終極的向度，另一隻則停留在物質世界。大樂佛母已全然地超越人類，傾向將世間事物具體化與客觀化。對她而言，生命清澈如同一支立體全像的舞蹈，感染、襲捲、交織著七彩斑爛的能量。她從來沒有被固著相或分離相所矇騙，這就是她如火焰般智慧的奧妙。她微笑且大笑，因為她根本上是自由自在的，她了解我們本來如是。在她偉大的原生子宮裡，她調解了所有虛假的二分法，例如：物與靈、主動與被動、男性與女性、我與你、黑暗與光明、快樂與痛苦、內在與外在。因為她有彎刀與頭骨鼓，她能裁切所有無知和虛偽觀點，並擊碎每一件終究不真實的事物。

日常作息

你會在生活中遇到大樂佛母，當你完全地臨在且注意到這個有形的世界，全然沉浸在如火焰般的智慧之時。你會遇到她，當你完全地「超越再超越」──超越那個無論何時何地讓你升起分別心幻相的微小頭腦習慣。當你在月光下裸身狂舞、在狂喜中呻吟、喜極而泣、在美好養神中嘆息，或是為某些荒謬奇怪的理由笑到肚子發疼時，你也會遇到她。

你會遇到大樂佛母，當你讓心為了苦惱或狂喜完全敞開，尤其當你發現苦惱和狂喜，最終竟是同樣一件事的時候。你遇到她，在靈感升起的歡喜中、在雄偉的自然中、在手術聲音中、在藝術性的表達樂趣中、在你優雅行動中、在孩子呱呱落地首次哭啼聲中、在你死前嚥下最後一口氣時、在當下出現完美的不完美時候、在深刻的入神中、在親吻的甜蜜中、在你的祖母／愛人／小孩清澈的眼神中、在你沉入夢鄉或從睡夢中醒來的片刻。總括而言，當你喚醒你自己福佑的本能時，你到哪裡都會遇見大樂佛母。她無所不在。她是所有，所有都是福佑。

自然藥方：紅石榴

紅石榴，或「有很多種子的蘋果」，是普世認同的一種可保留未來種子、給予新生命的子宮的有力象徵。紅石榴常見於廟宇石柱上雕刻，它代表豐饒女神。在歐洲，他們是天上女皇的象徵。古老聖地遺址顯示聖母一手抱著聖子，另一手拿著她的紅石榴。新興三態女神的無盡的祝福──一個解放版的夏娃──就再一次向我們示現紅石榴的本質和子宮的智慧。紅石榴促進一種與女性創造力看齊的意識，因此我們每一個人才能夠了解並共同創造我們的命運。

作為花的本質，紅石榴對尋求每日生活的平衡是美麗的。它幫助我們緩和並解決外在世界與家裡工作及責任之間的衝突。紅石榴也幫助恢復蘊藏在第一脈輪深處的生命活力，這個區域同時連結到生存、扎根和誕生的意思。正如同三態女神無盡的祝福，支持著她在紅石榴珠寶上的存在，所以，全新誕生的女性需要建立一個強壯的子宮根基，以便上方神聖自我的廟宇可以休憩。

靈魂訊息

透過身體裡攜帶宇宙生命力的能量中心，我能與大地、星星溝通往來。我的思想、行為、創造性的活力，孕育著大樂佛母的回歸。我將步上無盡的祝福之道途。我的心因神聖的愛與歡喜而發光發亮。

23. 無窮的真理
Infinite Truth

你必須了解生命的全貌，而非一小部分。

那是爲什麼你必須閱讀，那是爲什麼你必須流覽天空，

那是爲什麼你必須唱歌、跳舞、寫詩，還有受苦，

然後了解到，這一切都是生命。

——克里辛納穆提（J. Krishnamurti）

找到那個超越心智的真理。愛是那個橋梁。

——史帝芬·萊文（Steven Levine）

煉金術與轉化

　　當我們步上「無盡的祝福」之道途時，優雅與和諧成了靈魂親密的同伴。對此道途作出承諾，需要一個確認將愛付諸於行動與言行的意念，因爲愛與眞理是不可分的。要將「無窮的眞理」呈現，包括練習運用美好聲音吐露出眞實字句，以便我們的語言能夠回響女性聖靈的宇宙詩篇。這牽涉到一個鎭定平衡的兩股力量，也就是意志與愛。體貼和善意的溝通，如佛教徒所知的正言（Right Speech），這是令人振奮關係的有力泉源。越南一行禪師（Thich Nhat Hanh）曾說：「人們花太多能量在負向事物，一直注意出錯的地方……爲什麼不試著看往正向的事情，關注它們，讓它們蓬勃發展？」

　　想像這張卡的亮藍色 —— 也是第五脈輪能量中心，或喉輪的代表顏色 —— 可能被描繪爲一個無限回響的女神意象。天空留存著她的銘印，因爲她象徵無時間性和永恆的聲音。風是她的呼吸，流入她、經過她再流通出來，創造出生命之歌的旋律。七隻蝴蝶從她聲音渦旋中心吐露而出，象徵已經從她塵世意識裡狂喜般覺醒啓動的七個能量轉化中心。這新世界靈性之花已綻放至她的耳畔，容許最純淨的頻率貫穿她內在的心智。至此，無窮的眞理已完全地顯化。

　　值此階段的啓蒙意義，就是光的奧祕已揭露。當我們變得更有智慧了，我們就再一次從神聖而曲折的路徑走向眞理的中心。無論你的傳統或修行是什麼，你對世界提供了服務技巧，追溯你的本源，去找到內在安靜與平和的中心。只有從這個充滿恩典的源頭，我們才能恢復我們和這個星球的健康與福祉。那是從人類心裡再次點燃的神聖之火。

覺醒的原型：蘇菲亞，智慧女神

當「無窮的真理」出現於解讀時，就要借助智慧女神蘇菲亞的精髓。蘇菲亞是古希伯來文明裡的女神。她戴著面紗的外觀出現在《希伯來聖經》（Hebrew Bible），也被稱為智慧之書（Book of Wisdom）當中的三本書，包括《箴言書》（Proverbs）、《約伯書》（Job）和《傳道書》（Ecclesiastes）。其他能夠發現蘇菲亞的書，又如：《雅歌》（Song of Songs）和《所羅門智慧》（Wisdom of Solomon）（譯註：《雅歌》又稱《所羅門之歌》，當中提到所羅門與神聖的蘇菲亞結了婚）。當《希伯來聖經》被轉譯為希臘文，希臘人透過「智慧的愛」和「哲學」的訓練，信奉蘇菲亞好一段時間。直到今天，在希臘東正教教堂裡，蘇菲亞女神仍被崇拜為「最純潔的女神」。

在蘇菲亞學的宇宙論裡，蘇菲亞被認為是孕育衍生七道螺旋神聖能量的聖靈大母胎。更重要的，三態女神策劃的事情，這些能量流能夠在可行的水平和頻率上互動，創造出太陽系、銀河和宇宙，並讓它們盈滿智慧與真理。更進一步來說，正如同基督轉變成人形的耶穌，將神性的愛具體化，蘇菲亞則化身為聖母瑪麗亞，神性的智慧也被顯化了。

日常作息

逢此生命周期，你彷彿收到將神性智慧具體轉譯出來的邀請。安歇於智慧的母胎，在那裡感情與心智交織、密不可分，並由此你用言語、行為與臨在能量與人們分享你的真理。了解到這份智慧是你的天賦和本性。拿回你原有的精細思考、心的感覺和靈性的思維。探勘並慶祝你心智與感覺面的有機體，以及高潮般的狂喜。

要勇於確認你的信念，不要讓自己錯把虛偽的教導當作真理。學習在

普遍的社會潮流中解讀出弦外之音，勇於推出顛覆性的想法，並陶醉其中。利用古老哲學知識眞正地慶祝並珍藏蘇菲亞的智慧。重新取回你哲學辯證的力量，將話語運用極致。不要接受那些脫離現實知識分子的想像，誤以爲是對二十一世紀挑戰恰當的回應。成爲一個眞正有才智，全然投入身、心、靈力量，致力於減輕痛苦，並且將世界創造爲一個新伊甸園的人。

自然藥方：牽牛花

這株容光煥發的藍色花朵，以強大的眞理迎接每一天到來。黎明破曉，天際爲日出而劃開，牽牛花升起，迎接每個新日子的奇蹟。有著美麗裝飾、漏斗狀花朵的牽牛花，是大自然母親的擴音器，它喚起人們的注意力，預示這是具有蘇菲亞和三態女神無窮的眞理與新氣象的一天。它的心型葉片映照出愛的意圖的訊息。這株閃亮花卉反應無窮的眞理令人讚嘆的意識。

作爲花的本質，牽牛花是呈現清晰、活躍地自我表達的靈丹妙藥。它的精髓可以幫助個人從神聖女靈的智慧和眞理中「甦醒過來」。

靈魂訊息

我們最深的恐懼不是我們匱乏不足。我們最深的恐懼是我們擁有無法估算的力量。通常是我們自身的光嚇到自己了。我們自問：「我憑什麼聰明有才智？光彩動人？才華洋溢？美好至極？」事實上，爲什麼你不是？你是神的孩子。你自覷渺小一點也幫助不了這個世界……一旦我們從自己的恐懼中解放出來，我們的臨在自動地就解放了其他人。

—— 瑪麗安娜・威廉森（Marianne Williamson）

24. 無限的潛能
Infinite Potential

水象徵著所有的潛能……

是所有可能存在的本源。

——米爾西亞‧埃里亞代（Mircea Eliade）

煉金術與轉化

「無限的潛能」以靈性爲中心，這張牌是與世界牌或「覺醒的愛神」相遇後第三個革命性的步驟。第二十二張牌是包圍孕育「無盡的祝福」的子宮，成爲狂喜形式的祝福火焰。這個神性的存在打開了心智光明的大門，

只為顯化第二十三張牌——「無窮的真理」之願景。而在第二十四張牌，女神的奇蹟回歸了，她以蓮花般的子宮帶來「無限的潛能」。脈動能量的波浪以和諧的節奏向前移動，創造出如其外觀的具體生活，這個外觀包含了所有的可能性。

在此擢升的聚點，人可能會變得對氣場、渦旋能量、牧草路線和俗世肉身能量中心點更加敏感。人的身體包含女性聖靈的奇蹟，再一次與繁衍世界潛能的生命之樹結合。結果，這堅定的求道者現在覺察到自己的根，那根源可以行進到銀河天堂之遠，在子宮／星際的核心裡蘊藏著創造物的原始種子。

更高的心智能聯合宇宙之歌。從宇宙調音處傳來的美麗聲流，打開了直覺的水閘門。預言、詩詞、藝術、儀式和各式各樣神奇的溝通方式，正是三態女神顯化在我們日常生活的禮物。新世界靈魂（New World Soul）在無限的潛能之子宮裡被孕育著，於你內在閃耀如寶石之心。一旦你了解至此，你猶如一個強大的、完整的容器，此一容器有著無限的愛、光與智慧。簡言之，你了解自己擁有無限的潛能。

覺醒的原型：希拉娜吉格（綠色女人）

當無限的潛能這張卡出現於解讀時，可以聯想到來自古愛爾蘭和英國的希拉娜吉格（綠色女人）（Sheela Na Gig, the Green Woman）的代表意義。被描繪為一個裸體、有著下垂胸部和乾癟外貌的希拉娜吉格，經典地以蹲姿展現她女神的子宮。追溯古時文明，她的石雕形象常出現在門檻前，象徵生與死之間的門戶。這些陳列的入口像是人造的墳墓或門戶，自然存在的地方又如象徵母親大地子宮的神聖水井、天然運河口等。

希拉娜吉格呈現的是對無限潛能的三位一體精髓更深遠、更全然的了

解，因為她本身兼具了母親、少女和老嫗三種角色，也是三態女神的三種面向。她教導我們的是，沒有老太婆臨近死亡的能量，就沒有處女受孕、母親生子的事。她邀請我們進入她的子宮／墳墓，去體驗死亡神祕的煉金術，這樣做的同時，將可以為我們的處女靈魂催生。

在塞爾特神話中，據說智慧之泉（Well of Wisdom）就座落在塞爾特冥界的中心位置。早期愛爾蘭文學中重新估算水如何從神仙宮殿中庭的水井，噴出如泉水般的水流。五條水柱從智慧之井流出，象徵五種感官的智慧由水井流向人間。愛爾蘭和英國的聖泉被認為是原始泉水／子宮的支流。

根據愛爾蘭民間故事傳統，人們會在一年裡的特定時間造訪聖泉，尤其是當冥界門戶開啓、仙子們向人類顯示真面目的時候。古時人們造訪聖泉是為了在自然殿堂膜拜三態女神，同時也為了療癒和卜卦的傳統習俗。在聖泉作夢被運用為預測未來的方法，可能是異教徒時代由女性神諭者在泉水邊主持時所得到的回響。這類神諭的靈感可能來自「聖泉的少女（damsels of the wells）」，時間溯及中世紀時代的聖杯故事。其中一個典故是，一個壞心的國王強暴了一位少女，並奪取她的聖杯。結果所有的泉水都乾涸了，整個國家變成荒地，只有當聖杯 —— 女性智慧的金色聖杯 —— 被找到時才能補救。

現今的愛爾蘭，前往聖泉的朝聖之旅仍是基督教文明年的一部分。很多朝聖者在二月一日的聖布里吉德日（St. Brigit's Day）出現，聖布里吉德是基督教版本的布里吉德三態女神，剛好外貌上看起來神似希拉娜吉格。例如：多數愛爾蘭的聖泉都是為她而建造的，她以聖布里吉德較不嚇人的外觀出現。布里吉德被認為是象徵繁衍與智慧的三態女神，她一缸子的靈感是卜卦和預測的來源。據說，希拉娜吉格的石頭標記可以在基爾戴大教堂找到，那是個非常接近聖布里吉德的歷史遺跡。

或許希拉娜吉格最古老的形象，仍可以在塔拉山丘的聖亞當南石柱（St. Adamnan's Pillar）找到。如果你靠近看的話，幾乎不能辨識出她史前嘴唇上那一抹淡淡神祕的微笑。母親／少女／老嫗，她的微笑從年少到老耆，邀請著我們進入三態女神無限的潛能。

日常作息

當你每次有一個想法或感覺，在與外界分享前就已覺知讓它在子宮中孕育熟成，你就遇見三態女神之無限的潛能了。當你容許舊習性與模式自然凋零，讓新我有空間可以延伸，你遇見她。當你安居在未知與不確定的門檻，而不是匆忙跳入一個安全而草率的解決方案時，你遇見她。當你最終能安靜沉澱下來進入內在智慧之泉與預知力，或當你跨越任何一個門檻時，你也遇見她。

你在一些被視為通往聖地遺址的門戶、門檻，冥想靜心與反思時，你就培養著無限的潛能之力量。比如說，何不前往愛爾蘭和英國的希拉娜吉格遺跡與聖泉去朝聖？當你預視自己孕育著所有的可能性或真正懷孕時，你就是在培育她的力量。當你穿過一個又一個門口時，提醒自己死亡不過是邁向新生命的門檻。學習古老的占卜術；進入你的靈力；相信你的直覺。記住如果沒有死亡，就沒有生命。從網路上下載一張希拉娜吉格的照片，放置在床邊鏡面上；往鏡子裡面看，對它散發出一個古老而神祕的微笑。慶祝在你裡面三位一體的母親／少女／老嫗。

自然藥方：蓮花

在東方，蓮花的生命周期被視為是一個能完美反映三階段心靈的成長與演化歷程：無知、通曉圓融與開悟成道。在它生命的第一階段，呼應著

無知狀態，蓮根從泥濘的湖底竄出向上。第二階段，呼應到通曉圓融，蓮梗受到水的撫慰與支持。最後在第三階段，開悟成道等於是蓮花突破水平面挺出，花朵在日光中綻放的意象。

在花朵中央是一個膠囊般的豆莢，包覆著上千個即使蟄伏千年也可以發芽的種子。在無限的潛能意象中，女神的身體將綻放的蓮花保護在她完美的腹部裡。到達這個水平的啟蒙者就像蓮花的種子，準備走向自身完美真理的整體性，只為向世界呈現個人靈魂芬芳的煉金藥。

靈魂訊息

> 如果你能想像，就能創造。
> 如果你有夢想，就能成為夢想。
>
> ——威廉‧亞瑟‧華德（William Arthur Ward）

> 願景不去行動只是白日夢。
> 行動而沒有願景就如同夢魘。
>
> ——日本諺語

> 只有當你覺察內心時，願景將變得清晰。
> 向外看時，只會做夢；向內看時，就能覺醒。
>
> ——卡爾‧榮格

25. 三位一體
Trinity

有兩種生活的方式。一種是生活中沒有奇蹟。另一種是生活中
每件事都是奇蹟。

——阿爾伯特·愛因斯坦（Albert Einstein）

煉金術與轉化

　　緊接著「覺醒的愛神」之後的第四張卡是「三位一體」。它意味著修行求道者已經達到它最高的體現水平。三態女神的三階段生命網絡，已經扶搖進入精髓的新生命。這是煉金術的真實呈現，從無限的潛能大母胎所誕生出來的光，已經被轉化成為三位一體神論般的智慧。它的神奇力量這

一次顯化爲覺醒的世界靈魂（World Soul）。在三態女神神論卡中，前往智慧的皇家路徑是由古老象徵的橢圓形光輪（Vesica Piscis）所代表，此區域是藉由重疊的圓圈描繪出永恆生命的大母胎。

圖像中是三態女神最能自我實現的樣子。注意那睿智女性的白髮如同羽毛般展開，代表心靈。母親的髮型如女性外陰狀，或稱爲生育之神聖門戶。小嬰孩則從偉大的三位一組基質中，結合了純潔與天眞。圍繞在這三個神聖化身旁的是天界，在那裡雲朵彷彿從柔軟毛毯冒出來，歡迎新生命到來。月亮圓滿而閃閃發亮，因爲所有的可能性都源自於那裡。她神聖子宮的波動起伏層次已呈分開狀，顯示出隱藏在我們輪迴裡的眞理：我們從母親那裡衍生，也將回歸到母親；在母親那裡我們永遠安息。

覺醒的原型：綠度母

當三位一體牌卡出現於解讀時，需要參考綠度母的意涵精髓。度母的三態女神現狀是自然舒服的，因爲她是三位一體形式與面向的總結。她是三再加三的女神，三倍數的、進入三態女神眾神殿的全像門戶，以及她們所有象徵和顯化在時間、空間與超越時空裡的事物。

當你對綠度母祈禱著導引、保護和啓發的時候，就像是你對三態女神撥出一一九的緊急救援號碼。所有你對三態女神最緊急需求的想法都會到來——而且是馬上！在她偉大的三加三女神子宮，綠度母包含著眾神意涵如：大樂佛母、蘇菲亞、希拉娜吉格、布里吉德、凱莉敦、愛瑞絲、皇后仙子、蓋亞、白水牛女神、伊西絲、庫納匹匹、雅典娜、聖母瑪麗亞、舍吉拿、愛芙蘿黛蒂、鳥女、帕爾瓦蒂、卡利、烏瑪、伊絲塔、瑪特、觀音、狄蜜特、天使、阿斯塔蒂、伊南娜、阿塔撒馬因、薩拉斯瓦蒂、杜爾迦、空行母、赫卡忒、葉曼迦，還有更多更多的神祇。

如同第三章所討論，三加三女神顯現出眼花撩亂的三位一體主題，包括：出生、死亡和重生；老嫗、母親和少女；過去、現在和未來；太陽、月亮和地球；身體、心靈和靈魂；母親、女兒和聖靈；月盈、月缺和月圓；渴望、厭惡和中道；身體、語言和心智；佛、法、僧。綠度母也涵蓋神聖佛教的三位一體：佛陀、菩薩和空行母。因為她已成道開悟，就此意義她即是佛；而她也是菩薩，因為她有無限的慈悲，完全入世、致力渡化眾生。同時她是空行母，因為她在天界智慧母胎中自由地舞動，並且扮演古老心靈瑰寶的守護神。

根據西藏佛教傳承，當綠度母到達至高無上的覺醒階段，她誓言要在一個女性身體中成道開悟，並將無數次地轉世為女人，只為反抗主流的、父權社會的錯誤觀念，而且要揭示女性真實的能力、崇高和價值。因此，達賴喇嘛以最合宜、最好的字眼，將她的性格特徵喻為第一位女性主義者，她的行為是基於女性一直都因出於愛的動機為眾生付出，此一熱情動機應該要免於因為錯誤觀念而帶來受苦。

日常作息

要將三加三女神注入每日生活，先在靜心墊子旁邊把第一回二十四張三態女神煉金術卡排成一個圓圈。現在將三位一體卡放在你前面，置於圈圈內，而你坐在坐墊上，左腿折疊向自己，右腿向外伸出去。讓雙眼停留在每一個強烈啟發的圖像上片刻。接下來，閉上眼睛並靈視這美麗的、綠色膚質的綠度母，她就坐在雄偉海洋母胎的蓮花座上，想像疊起的左腿就承托在她之下，伸出去的右腿就像延伸到世界上的眾生。

在綠度母的天空裡，上、下或兩邊，以你的身、心、想像力所能概括的，去設想整個如萬花筒的三態女神萬神殿。將那如彩虹般本質的意象吸進你

的心裡。看到所有意象化入綠度母，袖也融入於你。現在，起身並把握這一天，了解自己真實的身分認同與價值。這一天內你所遇到的人，容許你的三態女神虹光直接輻射進入他們心裡。將每一個人包圍在你充滿無限智慧與慈悲的大海洋母胎，揭示出真理就是：事實上，生活中每件事都是一項奇蹟。用言語、思考和行動去展現你內在三加三女神自身的光輝。

自然藥方：自然，大自然的靈魂（Natura , the Soul of Nature）

包羅萬象的三加三女神綠度母，在三位一體卡中象徵著賦予你整個自然範疇的療癒力量。綠度母的綠色正是康帝瓦里（Khandivari）森林的顏色，一個豐富蓊鬱的天堂就是她的居所。據說她特殊的療癒力是源於森林中綠色生長的一切生物。

每一單位的小草、花朵、樹木、草叢、灌木叢、植物等，都是她運用女性靈力誓言解放所有眾生的縮影表現。她的綠意真正是一抹緩和、撫慰、保護，並療癒整個生靈的神奇色彩。

靈魂訊息

在自然界中，從星星的深度到花朵的光采，神聖女靈三重的奧祕是無限的。深藏在宇宙浩瀚廣闊之中……那是你能尋獲她蹤跡的地方。她就寄居在你心海裡……你能在那裡尋獲她。帶著愛排山倒海而來，她的美寄居在你的靈魂裡。敞開你的生命進入她無限友愛的親吻裡。

6

脈輪牌：
透過神聖七脈輪調合身體與土地

在三態女神神諭卡中，有七張一組的脈輪牌，它們可以伴隨著煉金術牌，以本書所提供的牌陣來做占卜。對身體能量系統想要瞭解更多的人，也可以將它作為療癒的工具單獨使用。七張牌各自對應七個脈輪——帶著密碼訊息的螺旋渦流。這些脈輪存在於情緒體、星光體、靈體、心智體與身體當中，有愈來愈多人覺察到這些神聖的療癒中樞之存在，知道它們帶著的生命力與自己的生活密不可分，而那生命力——有很多不同的名稱，如普拉納（Prana）、氣（Chi）、聖靈、昆達里尼（Kundalini）、嗎哪（Manna）、道，以及身體基質（Body Matrix）——和身體其它部位一樣可以照顧它或運用它。當我們將這些能量、大自然，還有自己與生活的關係融合為一，我們的身體就會改善。

運用高科技，如克里安顯影照相（Kirlian photography），研究者已經可以在相片上捕捉到這些鮮活、原始的能量。從人類視覺的觀點來看，身體是固態的、不會流動的，然而——當用一種特殊高速照相機拍照時——流動的光和能量就可以在人身體周圍被偵測到，有些照相機也可以偵測到顏色頻率。這些振動的能量通常就被當作是一個人的「靈氣」或「氣場」

（auric field），克里安顯影照相已經可以證實，當一個人接受按摩或充滿愛的撫觸之後，她或他的氣場會開始震顫，帶著能量發光；相反地，當一個人生病、遭受打擊、沮喪悲傷時，身上散發出來的光就非常深晦黯淡。

根據古代文獻的描述，脈輪系統是生命能量以一條巨蟒的形式，盤繞在脊椎的根部。不同的瑜伽教導與修煉，都可以幫助修行者活化這股靈性的能量。這七個脈輪就位於身體軸心的通道上，也就是身體脊椎的位置。那能量通道也稱為「彩虹橋」——是天堂與大地之間活的連結，當它保持健康、鮮活時，這個軸心通道就可以幫助一個人平衡於俗事與靈界之間。當對脈輪能量中心愈來愈有覺知，同時也可以辨識脈輪中所持有的特性，就可以讓一個人與內在的交流更堅韌，同時也能修復並維持更好的健康。

七脈輪

脈輪在許多傳統的智慧中都被提起，但最多的研究與修練主要還是存在於瑜伽和譚崔體系中。在這裡，我們將每個脈輪附上它的梵文名稱、意義、彩虹光譜中的顏色、對應身體的部位、元素、特定的感官覺受，以及產生的精神性機能，以幫助瞭解，這七個神聖的療癒能量核心，所對應的身體位置依序如下：

第一脈輪： 位於脊椎的根部及膝蓋內側，梵文名稱為「Muladhara」，意思是「支持的根基」（root support），它連結的顏色是紅色，屬性為土元素，掌管嗅覺。這個脈輪影響一個人與土地的連結，影響的課題包括：安全感、恐懼、貪慾、安全、豐盛等。

第二脈輪： 位於恥骨和肚臍之間，梵文名稱為「Svadhishthana」意思是「自我的居所」（dwelling place of the self），相應的顏色是橘色，屬性為水

元素，掌管味覺。這個脈輪連結一個人的生殖器官、骨盆、薦骨，還有腳底。這個能量中心失衡所引起的課題包括沉滯、恐懼、枯燥無味、淫蕩、懶惰，以及身體無意識的慣性。

　　第三脈輪：位於太陽神經叢、腰椎部位、身體核心部位。梵文名稱爲「Manipura」，意思是「珠寶城」（city of jewels），相應的顏色是黃色，屬性爲火元素，掌管視覺，這個脈輪也連結消化系統。當失衡時產生的關鍵課題是：憤怒、自我否定、缺乏正直、虛弱無力、懶惰，以及無法展現領導力。

　　第四脈輪：位於肩胛骨之間、心臟及掌心。梵文名稱爲「Anahata」，意思是「無懼」（unstruck），它也稱爲心輪。相應的顏色爲綠色，屬性爲風元素，掌管觸覺。這個脈輪將呼吸系統及循環系統與情緒連結，當它失調時會產生的議題是過分執著、需求、無法接收、情緒癱瘓、遺棄感、不滿足的性慾、有條件的愛。

　　第五脈輪：位在頸背及喉嚨的位置，梵文名稱爲「Vishuddha」，意思是「純淨」（pure），又稱爲喉輪。相應的顏色爲藍色，屬性爲乙太體、太空體，掌管聽覺。這個脈輪影響溝通及說話模式，當它失調時會產生無法消解的悲嘆、對批判的恐懼、說話障礙，以及所有關於自我表達、自我啓發的障礙。

　　第六脈輪：位於前額雙眉中間，梵文名稱爲「Ajna」，意思是「統率」（command）或「洞察」（perception），它所在的位置又稱爲「第三眼」。相應的顏色爲靛紫色、深藍色，它超越所有的元素及身體感官，打開連結宇宙的大門，同時也有刺激活化小腦的作用，當它失衡時會產生的課題包括：缺乏遠景及想像力、無法與奉獻等更高層的愛連結。

　　第七脈輪：位於頭頂，梵文名稱爲「Sahasrara」，意思是「千瓣」

（thousand-petaled），又稱爲頂輪。相應的顏色爲紫色，它超越了時間、空間，直達無極與永恆，影響大腦皮質，讓人向高層靈性的感應敞開。當它失衡時會對自我產生妄想、逃避、缺乏清晰思緒、過分美化靈性世界的傾向，或沉溺於靈性的物質層面。

脈輪牌與個人

　　三態女神神諭卡的每一張都是視覺藝術的佳作，圖像都特別爲了這副牌而設計，藉以幫助瞭解存在於每個人內在的能量，同時又可以連結個人與地球的內在潛能。當你將七張牌朝上排列在眼前時，注意那圍繞在牌周圍的彩虹邊框，會發現隨著數字增加，邊框也愈顯得明亮，這是繪者爲了表現身體經驗的能量狀態，從野性、原始的第一脈輪慢慢往上提升時會愈來愈細緻，最後達到高層意識的和諧狀態。

　　每張脈輪牌中央的圖像都被振動的能量流包圍著，而那能量狀態都是對應每個脈輪而畫出來的，例如，第一脈輪的圖像是被一股屬於大地、扎根的能量包圍；第二脈輪則被水流般的、起伏波動的狂喜浪潮圍繞；第三脈輪圍繞著熱情的火焰及太陽般的光；第四脈輪是盤旋的雲；第五脈輪被活力十足的聲音及能量波動圍繞；第六脈輪則是深夜的繁星環繞；第七脈輪是光明的千瓣蓮花環繞，象徵藏傳佛教傳統中的「珠寶頂冠」。

　　充滿動力的能量流延脊椎上下流動，連結並平衡最低與最高的脈輪，幫助一個人保持健康，並維持天地之間的關係協調均衡。當我們的身體保持清新及健康時，就更容易發揮天賦與創意，也更能夠爲我們周圍的世界貢獻及服務。三態女神神諭卡中的這七張脈輪牌是你個人能量頻率的工具，它是設計來幫助你實踐並維持積極正向的健康狀態，讓自己及他人擁有幸福。

我們建議你花點時間和這七張牌相處，和這些牌坐在一起，讓牌正面朝上放好，開放你所有的感官浸潤在這些牌的圖像裡；做筆記記錄最特別的那張牌，或那些吸引你、不斷引發想像力的牌，仔細研究那些圖像，將圖像與身體相應的部位連結並讀取脈輪的訊息，這將會幫助你瞭解自己身體哪些部位需要特別的關照與愛。你也可以選一張煉金術牌來與正在解讀的脈輪牌配對，用以顯示身體某個部位所隱藏的內在原型能量。有時候，從鏡子中看著自己將脈輪牌放在身體相應的位置上會幫助感應，讓你更能吸收來自牌中的療癒能量。

當你將脈輪牌從第一張到第七張排成一條垂直線時，可以注意每張牌的頂端和底端是否散發微弱的光，那是一個脈輪連結到下一個脈輪的現象。例如，觀察橘色的第二脈輪牌底端，會發現帶著紅色光暈連結到底下的第一脈輪牌，同樣地，在第一脈輪牌的頂端也可以看見微微泛黃，連結到象徵啓蒙階段、身體調和的第二脈輪。這一整個序列，象徵著能量連續不斷流動的生命力。雖然七個脈輪中心各自獨立，以渦旋狀有規律地在身體內外穿越，然而它們整體又連成一條神祕的臍帶，將人與天地之間聯繫在一起。

脈輪牌與陰性神聖能量

當大地遭遇危機，如同現在整個世界所面臨的狀況時，回頭尋求陰性神聖能量的啓示，並找回本質與平衡是最根本的辦法。我們必須對陰性的神性能量敞開心胸，祈求她指引我們進入一個新的宇宙觀，以及一個可以服務所有生靈、土地的新生活模式。我們無路可退，必須昇華進階，而這也正是三態女神神諭卡的前提與用意，要我們往前看，並重新打造自己，讓我們的心與這個世界可以再度擁有豐盛與自然之美。為了讓世界及自然

生態達到永續生存的狀態，我們必須找到一個方式，去平衡那最尖端的科技與最原始的洞見及真實。

對古代的人類來說，大地是活的、住著活生生的神靈或是靈體，而大地之母——含著不斷進化的意念與渴望——完全被人們理解，也因此可以與她所創造的所有物種保持互惠的關係。大地的力量是一種電磁流，受到星體、太陽、月亮移動的影響，同時也可以穿透動物、人類、植物的細胞並影響生命。它以一種能量波動的形式，與地表呈垂直方向移動，造成了以七為倍數的螺旋形圖樣，和人類身體的脈輪系統出奇地相似。這是因為我們的身體就是整個地球、整個宇宙的微觀展現。

在世界上，有些地點會與某些特定的人產生極佳的感應，對其他人卻沒有影響，這完全要看一個人的能量模式與那個地方是否能產生連結共振，例如，某些人會深深受到夏威夷的島嶼吸引，而其他人則偏好南美洲的墨西哥或秘魯。我們的身體能夠感受某些地點與自己的靈魂節奏互相唱和，而這些地方會讓我們覺得終於得到重生，找到真正的家。

有些人對這種大地能量模式及螺旋圖騰很有感應，並可以解讀訊息，就像那些身體能量工作者可以從身體讀到訊息一般。我們已知道許多動物可以循著地球的磁力線，找到適合休眠或養育後代的場所，而許多古代的聖地或古道也與這神聖的軸線重疊共振，因此許多現代的朝聖者試著找出這些場所，以作為療癒及重生的聖地。

脈輪牌就是一種將古老科學引介給當代世界的方法，讓我們可以重新與神聖的陰性力量聯結共鳴。它們可以幫助我們瞭解，為什麼地球上有些特定的場所會比其他地方顯得更讓人舒適放鬆，也更具有療癒的力量。我們可以用這些牌在地上展開牌陣，以幫助我們瞭解大地的智慧。選一張脈輪牌並拿著它貼近地面，藉此可以感覺大地正在與你溝通，並試著將這特

殊場所的訊息傳達給你。

當你買新房子、栽植庭園、搭建靜心營帳、舉辦戶外的生態營隊、辦一場孩子的慶生會，或只是單純地想與大地母親交流，你都可以與脈輪牌作能量連結，看看你想要詢問的場所帶著什麼樣的能量；你可以比較一下那場地的主要能量場與你身體的主要能量狀態，從這兩種能量的關係中得到更多了解。

例如，心輪或第四脈輪是這個場所發散的主要能量形式，那麼你就可以用粉晶、玫瑰花等裝飾這個場所，豎立一個聖母瑪麗亞或大地之母的雕像，或漆上美麗的綠色；如果你的身體能量主要以喉輪，即第五脈輪振動，建議你確認一下這個場所是否具有溝通交流的潛能，是否能開創一個機會讓你以吟唱、舞蹈、動作，或說話的方式傳達真實，這可能會是一個非常適合寫作、閱讀，或與別人分享親密關係的場所。

每張牌中央主要的圖案都包圍在雙尖橢圓光輪（Vesica Piscis），或所謂的「神聖通道」（Sacred Gateway）之中。這個形狀是由兩個圓弧交錯而產生的橢圓區域，代表大母神的陰戶（yoni），將那基本的神聖三態：生、死、重生的洞見傳達給每個使用這副牌的人，願這些牌也可以作為一個入口，引領人們進入她內在的神聖核心。

脈輪牌

脈輪牌是帶著最高的期待所創造出來，我們希望它們可以幫助你找到生命中最美之處，而脈輪牌意義的解讀包括以下五個部分：

1. 脈輪意象說明：這個部分將解釋描繪在脈輪牌上的符號、圖像，以幫助你瞭解那具有力量的訊息。

2. 脈輪屬性：這個部分描述脈輪的功能，以及如何與顏色、音樂、動物圖騰和各種療癒物質如花、藥草、食物、礦石等共同作用。

3. 脈輪的療癒本質：這個單元描述與脈輪相應的身體部位、情緒、心智，以及靈魂特質。而在脈輪牌的解讀中，也會指出身體某些特定部位帶著業力模式，並幫助你偵測及療癒它。

4. 關鍵字：這個單元顯示一連串的字句以引導你進入冥想，並積極地與每個脈輪所具備的能量動力產生共鳴感應。

5. 肯定句：這個單元提出一個結語，讓每個人可以在療癒團體、伴侶，或個人的諮詢中，利用這段話來聲明每個脈輪產生的療癒力。

脈輪卡說明

第一脈輪
First Chakra

植入種子並覆蓋它們。

葉片將在你種植的地方萌芽。

——魯米

新種子最忠誠。

它會在最空的地方

扎根最深。

——克萊麗莎・平克拉・艾絲黛（Clarissa Pinkola Estes）

脈輪意象說明

圖像裡是一個女人，她可能是原住民、美國或非洲的土著。她和土地的連結非常深遠，某種意義上來說，她是蓋亞，大地母親，也是她自己。因為攜帶土地的能量，她是如此強壯與四平八穩，以致於可以承載白色大象坐於她肩上，這都是連結到根輪（Root Chakra）不可思議的承載強度。

她呈現分娩的姿勢，透露出紅石榴土地的象徵，代表生殖力與豐饒。在她敞開陰戶上是一隻烏龜，也是象徵土地的動物圖騰。蛇，或說拙火力量在她下方振動，扮演著如同宇宙的精子。在這高潮般的、扎地的能量渦旋裡，一枝芽兒向上攀升，代表全新的開端和復始。她的兩隻手深深向地面延伸，而她的雙手臂攜帶著雪松樹意象，象徵力量與續航力。她的嘴唱頌著「嗡（OM）」，將自然力量與人的靈魂相互連結。

脈輪屬性

作用：生存、扎根

顏色：紅

音調：C

療癒之花：紅石榴

動物圖騰：白象、蛇、烏龜

食物：蛋白質

藥草：雪松

金屬：鉛

晶石：紅石榴石、紅寶石、紅碧玉

脈輪的療癒本質

第一脈輪的位置在脊椎底部，並管轄到所有從孩童時代或過去生命帶來與扎根、內在安全感、性和安全相關的議題。我們在第一脈輪的任務是扎根於我們的自然根源和性的本源，使其重新恢復和活化，並且能夠與人分享俗世生活的樂趣。

當此脈輪呈現負面狀態，衰弱的根輪就像缺水的花朵——枯萎，並且看起來虛弱與單薄。在此區域若有持續的壓力，將導致成人模式功能失調，例如：對匱乏的飢餓與恐懼，無論在情緒面或生理面。功能失調可能顯現在冷感、害怕親密、貧窮意識、飲食紊亂，以及深度孤離方面。

當此脈輪被療癒後呈現健康狀態，它會增加一個人的穩定能力，並為個人潛能和夢想立下基礎。覺察到第一脈輪容許一個人進入肯定生命狀態，那是一種深遠的、從整個身體機能發出支持與高潮般流動的生命波濤。

關鍵字

扎根、性感、肯定生命、豐饒、高潮、穩定、安全、肉體樂趣、連結、原始、力量、堅固、基礎

肯定句

我喜歡在身體裡，而且我每天滋養它。

我和土地連結，而且安全的基礎供給我未來的成長。

我用雙腳確實踩在地面，帶著信任與自信。

土地能量穿過我的身體向上流動，支撐我的生命目的。

我顯化。我信任。我相信我的豐盛。

第二脈輪
Second Chakra

願所有事情移動或被移動因我而起，

願所有事情知曉或被知曉因我而起。

所有創造物於我內在因歡喜而舞動。

——奇努克·梭特（Chinook Psalter）

願你的生命如同一朵野花，

因著每日的美麗與歡樂自由生長。

——美國原住民諺語

脈輪意象說明

　　圖像裡是一個可能來自波里尼西亞或熱帶島嶼的女人，以流動姿勢舞動著。她狂喜般的流動是好玩的、優雅的、充滿樂趣且活生生的。充滿創造力的振動光能流向無盡的生命之河，在那裡海洋的海豚與舞者，飛躍著歡樂與自由精神。

　　一朵綻放的木槿花──象徵豐饒、熱情與創造力──開滿她的子宮，同時兩副手臂正一進一出散發她熱情的能量流。全然地展現活力並接納她的感覺，牌中的女人代表因受到螺旋般祝福而能繁衍、孕育，並且可以將她的豐盛由神祕的子宮供給於大地。

脈輪屬性

作用：欲望、樂趣、性感、孕育

顏色：橙

音調：D

療癒之花：木槿

動物圖騰：海豚

食物：液體

藥草：栀子、達米亞納樹（damiana）

金屬：錫

晶石：珊瑚、紅玉髓

脈輪的療癒本質

　　在第二脈輪，我們連結到身體的孕育中心。我們的下腹部是生命能量

的子宮，卵子的創造者，生命本質的發電機。對男人而言，此一本質又稱為「腹中之火」；對女人而言，它被稱為「發動之地」。這個中心調節著生理周期、停經，以及荷爾蒙的平衡。此脈輪的精神是在孕育和流動，促使內在的我們和外在世界得到平衡。

此一脈輪出現負面狀態時，我們的情緒和創造力的追求將出現停滯和麻痺現象。這是身體虛弱時，最容易漏電的地方，帶來個人的無力感，以及生命無法掌控、無法豐盛的感覺。這裡是身體的氣之所在，或宇宙能量的座落處。因此當它不平衡時，免疫系統變得虛弱，導致一個人變得容易感染疾病。當進行內在孩童工作或各種深層療癒時，這裡是身體需要傾聽的區域。此處由水管轄，水象徵保留過去傷痛或性侵的情緒記憶。透過此一神聖旋渦的深層療癒是可能的；帶著極大的愛與關懷，重拾永恆的天真和純潔是可能的。

一個經過療癒且健康的第二脈輪，即使面對阻礙困難出現，也可以全然擁抱生命，以放鬆與自信舞動生命。肚皮舞、夏威夷草裙舞、莎騷舞（Salsa），以及臀部自由的舞動，是敞開這個區域通道的健康方式。木瓜、桃子、芒果、夕陽的顏色，以及日出在身體的第二脈輪移動。當這個脈輪閃亮並振動時，一個人能自由地說出真理，帶著志向走往未來，能運用技巧和自信駕馭資源與責任。透過一個健康的第二脈輪，一個人可以療癒情感問題，轉化深層傷害情緒，並平衡生命。

關鍵字

生命能量、有創造力的、能孕育的、流動的、舞動的、移動、給予、接受、內在真理、歡樂的和平、誕生

肯定句

我從希望和信心裡做出我的決定。

我用著優雅態度與生命一起流動。

我創造性的驅動力是強烈而令人興奮的。

我的性生活令人滿足而且有意義。

我就是生命。

第三脈輪
Third Chakra

有一股內在的力量賜予你生命——

去找尋它。

在你體內儲藏一個無價的瑰寶——

去找尋它。

喔，遊蕩的蘇菲啊，

如果你在追尋至高無上的瑰寶，

不要向外看，

向內看，去找尋它。

——魯米

如同太陽輝映著

月亮與星星，

也讓我們彼此

相互輝映。

—— 無名氏

脈輪意象說明

這張牌中是一個聚精會神的女戰后，她可能是埃及人或希臘人。從她那象徵著開悟的自信與力量的花開中心，代表西藏式的火焰從此向外發散出去。昆達里尼拙火之蛇——也是向日葵的莖——向上攀升，她穩站在雄偉植物葉片上，象徵著權威與服務的平衡。兩隻獅子，一公一母，支撐著她的生命。他們代表精煉過的原始力量，而這些力量已全然在她的掌握之中。在她束髮帶上方被三圈圓形光包覆，代表她清晰的視野，以及穩操授權的地位。閃電光束穿越她的手臂，而她的雙腳被向日葵紮實土地的力量所支持著。面對世界，她全然展現自己，正如同她幅射出覺醒與無私的意志力之狂喜。

脈輪屬性

作用：意志、力量、大笑、憤怒、歡喜

顏色：黃

音調：E

療癒之花：向日葵

動物圖騰：獅與虎

食物：澱粉

藥草：康乃馨

金屬：鐵

晶石：琥珀、虎眼石

脈輪的療癒本質

第三脈輪位於肚臍上方，並對應到身體的太陽神經叢。當這個脈輪如同太陽般敞開力量和行動的頻道，並為未來的用途儲存力量與精氣。這是給予生命的位置，它依賴光而充電；它攜著帶來意識和自我覺知的潛能。

當這個脈輪處於負面或枯竭狀態，個人翻攪著失敗、受拒、丟臉與匱乏的議題。如果我們不能為我們的價值和真理站在高處，那麼這個脈輪將會沾上一種淪落或苦痛的感覺。如果一個人說謊或不能活出一致性，這個脈輪會變得脆弱，而個人意志將不能發光發亮。他或她可能會隱藏起來，而這虛假的人格最終導致更多受苦。

由火元素所主導，身體的這個區域是以行動為導向。我們必須要有健康的第三脈輪，才能完成擺在我們前面的任務。一個受到療癒並處於健康狀態的第三脈輪，身體這個區域是通電的、帶活力的，以及被啟發的。它的幅射光導致真實的決心和積極的意志力。藉著導引我們的意圖走向夢想與目標，並在生活中帶創意地移動，我們將遠離孩童時代的侷限空間。我們轉變為受崇敬與平和的武士，能夠平衡謙遜與權威，平衡個人意志與神的意旨。

關鍵字

領導力、權力、權威、整合一致、意識、幅射力、勇氣、行動、光、自我價值、自我尊重、歸於中心

肯定句

我榮耀自己。

我為世界提供光與服務。

我把光照亮所有上面與下面的脈輪。

我是閃耀的太陽。

我明顯地是光的力量。

第四脈輪
Fourth Chakra

親愛的世界，

當我躺在瀕死的床上

我決定我不會有的一個後悔

就是

我吻你吻得太少。

——哈菲茲（Hafiz）

愛是耐性，愛是仁慈。它不嫉妒，它不誇大，它不驕傲，

它不粗魯，它不自我追尋，它不容易生氣，它沒有犯錯的紀錄。

愛在邪惡中不能發光，但與眞理一同喜樂。它總是保護、信任、
抱持希望、堅忍不拔。愛，從不衰敗……

—— 哥林多前書（Corinthians I 3:4-8）

脈輪意象說明

在第四脈輪中的圖像是愛的女神，一個心輪地區反映出細微粉紅色暈
的女人。一個幅射的光圈照耀她頭頂上方，光圈能平衡心與頭腦，天與地，
還有目標與投入過程。裝飾著天使般的翅膀，她既慈悲又叫人敬愛。聯想
到聖母瑪麗亞或天堂之后，她的心唱出玫瑰花淡淡的芬芳。在她腳邊的鹿
和兩旁的鴿子，被賦予了她的愛，她也被賦予他們的愛，終究，每個生物
都持有一顆純潔、良善的心。她站在地面上腳踩盛開蓮花的花蕾，承擔了
世界的苦痛，卻對眾生幅射出慈悲關懷。她的愛盈滿整個天際、天堂、植
物、樹木、動物、鳥群，以及地球上所有有感知和無感知能力的生物。

脈輪屬性

作用：愛

顏色：綠

音調：F

療癒之花：玫瑰

動物圖騰：鹿與鴿子

食物：蔬菜

藥草：薰衣草，茉莉

金屬：銅

晶石：綠寶石、孔雀石和碧璽

脈輪的療癒本質

　　第四脈輪位於心臟和肩胛骨之間區域。這是我們身體中愛的住所，就在心窩裡面。在我們的文化中，心臟病發作的比例非常高；我們在很多方面欠缺了無條件的愛和奉獻。一個冰冷、封閉或恐懼的心，就容易發病。身體的這個部位呼喚著深度的呼吸療癒和碰觸。它要尋找平衡，因為此脈輪是整個系統的中心。再多的煉金藥都比不上從第四脈輪發散出真愛，並擴張為光與寬恕。據說：「一顆破碎的心就是一顆敞開的心。」有時在純粹的愛與療癒發生之前，我們必須要感受到痛苦和悲傷。在我們心裡面，悲傷和歡喜的情緒同樣會被啟動。在精細安排有節奏感的舞蹈中脈動，這些兩極化的情緒將合併一起，為所有人帶來整體性、平衡和慈悲。

　　當此脈輪處於負能量狀態，一個人會非常害怕敞開他／她的心，並會感覺孤立與落單。感受到執著、嫉妒、羨慕、不信任等，都是一顆受傷的心的病症。對這個對世界關閉心的個人，要進入戀愛（關係）可能很困難。寬恕是必須的，並且永遠要相信：「愛，療癒一切。」

　　擁有一個健康且療癒的第四脈輪，一個人會連結到優雅與平和的美麗品質。愛的狂喜教導我們放手不執著，並且相信這個世界，最終在世界裡能超越性激情的火焰，清空賜予生命的靈魂與靈性。在此環節中，服務是一項需要虔誠投入的旅程，它要在環顧全局的水平上，清通心的道路以便得到療癒。

關鍵字

　　愛、無條件的愛、臣服、慷慨大度、慈悲、聯合、平衡、伴侶關係、忠誠、寬恕、優雅、平和

肯定句

　　我無條件地愛自己和他人。

　　這世界中有無限供應的愛。

　　我信任愛的力量。

　　我寬大地對待有需要的人。

　　我是愛。

第五脈輪
Fifth Chakra

此刻我祈禱每一件事、每一個人的真實本質能被揭示，

而我們都能看清自己傳承的真理，並且

可以從頭腦衍生受苦受難的綑綁中解放自由。

——恰度·突爾古仁波切（Chagdud Tulku）

善言説來短而容易，它的回響卻無窮無盡。

——德蕾莎修女（Mother Teresa）

沒有比問心無愧更輕柔的枕頭了。

——法國諺語

脈輪意象說明

這裡勾勒第五脈輪的圖像，是一個由內心唱出她靈魂之歌的女性。既然心輪（第四脈輪）已被療癒和再次敞開，喉輪是一個傳達眞理、自由和清晰傳播器。她被清晨的牽牛花所圍繞，而牽牛花正是被清晨所喚醒的花朵，它們昂首歡迎全新一天的到來。

老鷹觸及她的心，象徵著頭腦與心的聯合。她周遭環繞著覺知意識的聲音頻率，聽起來是眞理的音調。她的秀髮裝飾著羽毛，因爲她是鳥女的一種，她的原型代表可以看得既遠又寬，擁有廣闊的視野。蜂鳥代表加快的能量，以及目前正通過她身體的高度振頻。她的聲音滿盈，並且隨時能表達出眞理。大地由她內在升起，而她受到鯨魚深沉音調的支持，鯨是神祕地保存宇宙紀錄與記憶的深海哺乳動物。

脈輪屬性

作用：溝通、創造力、連結

顏色：藍

音調：A

療癒之花：牽牛花

動物圖騰：鷹、鯨、蜂鳥

食物：水果

藥草：乳香

金屬：水銀

晶石：土耳其石（綠松石）

脈輪的療癒本質

第五脈輪就位於身上喉嚨與頸部之間，並向上延伸到腦下皮質處。這個區域是溝通的中心。這是與聲音有關的自我表達區。唱歌、唱頌、表演、調音等，都是從喉輪振動出來的活動。這個脈輪也被認為是內在與外在世界的連結門戶。

當處於負面狀態，喉嚨容易感染像喉炎、支氣管炎和喉嚨痛等疾病。此區域如果保留壓力，是因為身體在早年關於自我表達和言論自由方面欠缺著支持。因此受苦的個人將會遲疑或完全不能說出他們的真相，害怕遭到批評、判斷或處罰。如果你想到公開演講，會害怕說出你自己的感受，或者說話時會結巴，這時若能思考一下第五脈輪，找到受限模式的原因，是明智的作法。

一個受療癒和健康的第五脈輪，代表個人能夠自由和公開地說話或演說。而且所說的話語是仁慈的、體貼的、清晰的和真實的。發出的聲音強而有力，表達的音調抑揚頓挫。通常一個人能輕易透過書寫、說話、分享想法與他人交流。這些人是優秀的老師和公眾演說家。一個健康的第五脈輪無法包容說謊、高壓或操控現象。如果這些傾向持續下去，一個人最終將失去可信度，而他／她的聲音既不會受到尊重，世上也不會有接受他／她的群眾。這個區域也是頭腦和身體的連結門戶。透過喉輪，一個人可以說出長期隱瞞的陳年傷痛，並且在過程中，找到內在的平和與個人自由的感覺。

關鍵字

真理、表達、發出聲音、自我表達、歌曲、詩詞、清晰、聲音、溝通

肯定句

我是訊息傳遞者。

我訴說內心甜蜜的低語。

我唱著我的歌。

我用清晰和勇敢表達出自己的真實。

我是聲音振頻的本質。

第六脈輪
Sixth Chakra

交談，豐富了理解，
但只有孤獨是天才的學院。

—— 吉朋斯（Gibbons）

療癒並不來自於任何人，
你必須接受內在的指引。

—— 奇蹟課程

脈輪意象說明

　　此處勾勒出第六脈輪的圖像是一個有預視能力的、天際的女神，她似乎有來自西藏或印度傳統的傳承。這兩種文化背景同樣都浸漬於神祕的冥想靜心、寂靜、單獨，以及安靜的調頻。這張卡顯現的是內在洞悉力與靈視的狂喜。貓頭鷹象徵在黑暗中擁有清晰視野的全知之眼，至於預視能力則是在第六脈輪被啓動的能量。貓頭鷹能見人所不能見。它坐在地面，但握持對眞理更高的領悟力。透過宇宙眞理和無條件的愛的鏡頭，它觀照著這個世界。

　　左下方沉睡的熊如同在地心中冬眠，代表了寂靜體驗的靜謐和內在知曉的能力。熊與女神加總起來，象徵著所有預視都將示現的夢想所在。女神額上那星狀鬱金香，代表著自然提升與榮耀的一面。呈現著獨特幾何造型和完美對稱感，它符合三位一體女神的生命、死亡和重生，連通了溝通交流與關係最崇高的一面。她的門是通往無限宇宙的門檻，在那裡星星成了夜空的眼睛，爲迷失的人導引亮光。這是一個預視者、先知、預言家，也是個男／女巫醫。她的雙耳各有六個珠寶，因爲她深度地傾聽以便能聽見所有、知曉所有。

脈輪屬性

　　作用：直覺

　　顏色：靛藍、深藍

　　音調：OM

　　療癒之花：星型鬱金香

　　動物圖騰：熊與貓頭鷹

食物：新鮮、在地食物、有機的、具高度振頻的水果與蔬菜

藥草：艾葉、八角

金屬：銀

晶石：青金石、石英

脈輪的療癒本質

第六脈輪被認為是第三眼，就位於雙眉之間額頭的中心。這個脈輪會要求一個人向內觀照，以便找尋到靈魂的智慧。它影響腦部和神經系統，可以刺激內分泌腺和腦垂體。此脈輪主要的功能在保持這些系統運作良好，以便能敞開直覺的導引，接收更高層次的靈感。

當此脈輪處於負能量狀態，一個人不能夠察覺也不能傾聽他／她自己的導引和更高的力量。如果此區域阻塞，將會有專注和學習的困難，因為這個地方容許接受並進入靈魂的中斷與暫停。如果一個人常有頭痛、混淆、方向障礙、憂鬱等現象，要特別注意這個區域。這時一個人需要花多些時間來休息沉澱，並容許夢的世界能清楚地進入我們生命。

當此區域受到療癒並處於健康狀態，個人可以將清晰視野帶入世界和物質形式，並將其具像化。想像力會很活躍，靈魂的天份可以用新的洞見和意念來轉化世界。在最高表現的水平，當此脈輪和心輪連結時，神性的愛與光將因此顯現傳達到世界上。

關鍵字

願景、念頭、接受力、聚焦、專注、全知、清晰的願景、天份、想像力、夢想、寂靜、內在平和

肯定句

　　我看見光導引我的道路。

　　我傾聽、我聽見、我說出真理。

　　我傾聽心靈的低語。

　　我安靜時，看見所有一切。

　　我就是願景。

第七脈輪
Seventh Chakra

你踏出的每一步都是個祈禱。

如果你每個步伐都是祈禱，

那麼你將永遠走在神聖的儀態裡。

——奧拉拉・拉科塔巫醫（Oglala Lakota Holy Man）

神就居住你裡面。

——約瑟夫・坎貝爾（Joseph Campbell）

脈輪意象說明

　　這裡勾勒的圖像是個神聖女性，她整個存在已經變成大規模的光。她擁有老鷹高飛的山頂。世界了然於她心中，在她的蓮花療癒盆中——象徵女神聖杯——匯集了所有的愛與神聖優雅。蝴蝶，代表向著更高的意識層次轉化，是由她的氣息而生，還有，她帶著祈禱療癒與愛的雙手，將福佑送往大地。無數的蓮花瓣，象徵揭示人類靈魂的無窮智慧。完美的靜止與神性的優雅，從這位完全覺醒的老師身上散發出來。她將天的知識帶來到地面，以致於它能夠和自然的奇蹟交織一起。

脈輪屬性

　　作用：了悟、知曉、福佑

　　顏色：紫羅蘭色

　　音調：高音的哼唱

　　療癒之花：蓮花

　　動物圖騰：老鷹和蝴蝶

　　食物：無——斷食

　　藥草：蓮花、雷公根（蚶殼草）

　　金屬：金

　　晶石：紫水晶、鑽石

脈輪的療癒本質

　　第七脈輪位於頭頂上方，並延伸往上到天際。它又被稱為頂輪，也被認為是通往聖靈的門戶。第七脈輪讓一個人向敞開的天空對齊；在能量傳

輪上必須是平衡的，因此能量需要由天空透過身體帶回到地面，扎根踏實的靈性福佑才可以被完成。

偉大的預言者與上師都有一個金色的頂輪，或全身輪廓有一圈光暈，天使也是如此。當一個人與頂輪智慧同步了，他／她就能成為天與地的橋梁，如同一個活生生的光行者管道。

當這個脈輪呈現負能量狀態時，一個人的精神本質容易產生幻想和妄想。不能腳踏實地，或者有飄離身體的可怕經驗。類似地，如果一個人的頂輪過於敞開，為了靈性本質，最好啟動保護，如同面對一個新生兒的作法。這種狀況也可能發生在嗑藥的人或停經的女性身上，透過重覆而類似的昆達里尼熱流出現的經驗。無論如何，謹慎小心並在追求更高智慧時分辨方向是很重要的。今日社會有很多人宣稱靈通，並可以從上方接收到訊息，這有可能發生，但更明智的是去培養清晰與辨識能力。這是一個強大的中心，而且一個人必須帶著更崇高的意圖和焦點，保持聖潔和清新能量。

當此脈輪持續振動且是健康的，一個人可以真正體驗到開悟的狂喜。這是一個非常光明和寬闊的能量場域。一個有抱負者能夠將能量踏實涵蓋工作，以及每日生活的目標。從這個地方傾瀉出神聖的愛與靈性的寬宏大量。老鷹在此的意義非常重要，它提醒我們神聖優雅的獲取必須經過艱鉅苦工。在靈性追求道途上，必須在地球上完成測試和啟蒙，以便獲致真實與持續的力量。智慧的嬗遞將透過那些能夠堅實游走靈性，同時雙腳根植大地的人身上。

關鍵字

成道開悟、天堂的福佑、冥想靜心、蛻變轉化、神性境界、神聖老師、祈禱者、感恩、光明、智慧

肯定句

我被更高的力量所導引。

我被更高的智慧所導引。

我傳達愛與感恩，並且被無窮的智慧圍繞。

我在體內平衡著天與地。

我是覺醒的。

後記

如果是女神的話，現在會怎麼做？

—— 塔拉・麥金尼

在過去十八年的友誼中，伊莎和我彼此見證了許多人生的起起伏伏，每一次我都很幸運地從伊莎豐富、創新的靈性學知識中獲得極大幫助，包括占星、塔羅、花精療癒，以及童話神祕學等；而當我們面對自己生活最大的挑戰與難題時，都會一起玩一個稱為「如果是女神的話，現在會怎麼做？」的遊戲。經過了這些年，我們開始努力去為自己尋找答案，各自探索三態女神在不同文化面向中的面貌，其中伊莎比較著重西方傳統，而我則將重心放在東方。

我第一次開始認識三態女神學說是在 1984 年，那時我被安・克萊恩（Anne Klein）一篇稱作〈非二元論與大樂佛母〉（Nondualism and the Great Bliss Queen）的文章困惑，裡面提到了一位西藏女神，她三位一體的神聖力量與真實，並沒有因為時間及扭曲的歷史而變得模糊暗淡。作為一位全然開悟者——同時也全然存在於一個女性的身體內——大樂佛母透過她的宇宙母胎，將神靈世界誕生到這個有形的物質界，而這個人格化的神性能量

通常也以一個符號來象徵，那是許多正反交疊的三角形，包圍在圓形擴張的宇宙大母胎中的圖樣。這位女神超越了二元對立的理論，例如：女性順從被動與男性侵略積極、智慧與慈悲、精神與物質等，多美妙啊！當時我無比驚訝與讚嘆，於是決定進研究所作跨領域研究，鑽研比較宗教學與女性研究。

許多年後，在加州柏克萊的一家書店裡，我發現了另一位藏傳佛教的三態女神——度母。傳統上度母總共有二十一個化身，而所有化身的特性又融合濃縮於綠度母的形象中。二十一這個數字，代表的是塔羅大阿卡納牌中「世界」這張牌，象徵了三態女神全然轉世到這物質世界。另外根據傳說，度母曾發願每一世輪迴都要以女人的形體投胎，爲的就是要挑戰那認爲女人身是修行開悟障礙的錯誤觀念。綠度母擁有大慈悲心，雖呈打坐姿態，右腳卻前伸隨時準備起身幫助需要她的人們。

從那次在柏克萊與度母命運般的相遇之後，這位女神的形象就持續在我生命中茁壯，就好像當時我一發現了她就無法再放開她，但也許是她不再放開我！無論如何，在1997年前我終於完成了一份學術論文，內容正是以這位佛教度母爲中心來作論述；另外我也在一個以她命名的佛教修行中心工作，甚至將自己的名字改爲度母的名字「Tara」，提醒自己內在的世界因爲她的啓發而徹底轉換蛻變了。

然後，在2000年冬天，我被另一個看似毫無相關的事物強烈地吸引，即另一個Tara——愛爾蘭的古老聖地塔拉山（Hill of Tara）。在那兒，我坐在一棵神話般巨大而優美的樹下，周圍有一群像神話般的蜂群飛舞，一瞬間，我領悟到這綠意盎然的愛爾蘭神話聖境，不就是佛教的天人或智慧女神的愛爾蘭版本嗎？它正是偉大的大樂佛母／度母的另一種顯現。我感到神話中的眾仙子一直守護著這愛爾蘭古老的神聖教誨——雖然被深藏在地

下——就如同西藏的天人，職責就是守護祖先傳承下來的靈性寶藏。

因此，在 2002 年冬天，當《三態女神神諭卡》的寫作進入關鍵時期，我邀請伊莎來愛爾蘭找我，我們兩個直奔塔拉山，總覺得有很重要的啓示在那兒等著我們，果然也沒有失望！在另外兩個特別的朋友協助下，我們正式被引進了女性神性力量的世界，經歷了脈輪轉盤般的螺旋轉圈、閃爍旋轉的微光、彩虹光彩，還有蘊藏在這愛爾蘭最古老的神聖之地裡，洶湧起伏的能量。幾個小時後，我們帶著一份確信離開，知道三態女神確實存在，就居住在這塔拉山的聖境當中，她既是這座山本身，也是超越了那之外的某種存在。

那天在塔拉山上，我們另外又得知了一個古代的祭儀聖地「烏什尼曲」（Uishneach），它被稱爲愛爾蘭的心輪之地，於是一週後，我跟伊莎來到這裡，第一次使用了三態女神神諭卡。

我們在兩棵大樹形成的一個像女陰形狀的空間中跪下，爲《三態女神神諭卡》的創作計劃祈禱，然後——開始用那副最原始的、還只是彩色影印的牌來占卜——我們請牌告訴我們這《三態女神神諭卡》合作計劃的本質，然後，在混雜著喜悅與驚訝的尖叫聲中，伊莎和我竟然同時抽到「三位一體」，或稱爲三態女神這張牌，這也是三態女神煉金術牌中的最後一張；接著，我抽到了海底輪牌、伊莎抽到心輪牌；這個結果顯示，透過這個合作計劃，我們將一起爲這世界種下三態女神新的愛苗。正當我寫下這些文字的時候，《三態女神神諭卡》已經完成了所有的輪迴過程，從最早伊莎與瑪拉在夏威夷太平洋海岸的洗禮儀式，到我和伊莎在愛爾蘭心輪聖地的兩棵樹中央爲它開啓能量，然後是這篇最後的結語。

我感到既榮幸又感激，可以在這個推動《三態女神神諭卡》誕生的過程中，扮演一個角色，成爲計劃中三位女主角之一。這個經驗也療癒了我，

雖然很難具體表述，伊莎的視野、瑪拉精妙的女神繪畫創作——加上我自己的研讀、祈禱與靜心——都幫助我更深刻地臣服於那像潮汐般起伏而流動的女性生活。

《三態女神神諭卡》事實上是我和伊莎多年來共同／各別玩的那個「如果是女神的話，現在會怎麼做？」遊戲的延伸，我們希望在每一天，在諸多繁雜的狀況與問題中，它可以幫助你為自己找到這個問題的答案，這是我們送給你最赤誠的祝福。

參考文獻

Allione, Tsultrim. *Women of Wisdom*. New York: Arkana Press, 1984.

Anadn, Margont. *The Art of Everyday Ecstasy: The Seven Tantric Keys for Bringing Passion, Spirit and Joy into Every Part of Your Life*. New York: Broadway Books, 1998.

Barks, Coeleman, and Michael Green. *The Illuminated Rumi*. New York: Broadway Books, 1997.

Beyer, Stephen. *The Cult of Tara: Magic and Ritual in Tibet*. Berkeley: University of California Press, 1980.

Boucher, Sandy. *Turning the Wheel: American Women Creating the New Buddhism*. San Francisco: Harper and Row, 1988.

Caddy, Eileen. *Opening Doors Within*. Forres, Scotland: Findhorn Press, 1987.

Christ, Carol P. "Why Women Need the Goddess." In *Women and Values: Readings in Recent Feminist Philosophy,* edited by Marilyn Pearsall. Belmont, Calif.: Wadsworth Publishing Co., 1986, 211-219.

Fox, Matthew, ed. *Hildegard of Bingen's Book of Divine Works with Letters and Songs*.

Santa Fe, N. M. : Bear & Company, 1987.

Franz, Marie-Louise von. *Alchemy: An Introduction to the Symbolism and the Psychology*. Toronto: Inner City Books, 1980.

Galland, China. *Longing for Darkness: Tara and the Black Madonna—A Ten Year Journey*. New York: Viking Press, 1990.

Gross, Rita. *Buddhism After Patriarchy*. New York: State University of New York Prss, 1993.

Koning, Karl. *The Human Soul*. Edinburgh, U. K. : Floris Books, 1998.

Macy, Joanna. *World As Lover, World As Self*. Berkeley: Parallax Press, 1991.

Mascetti, Manuela Dunn. *The Song of Eve: Mythology and Symbols of the Goddess*. New York: Fireside Books/Simon & Schuster, 1990.

McDermott, Robert A., ed. *The Essential Steiner*. New York: HarperSanFrancisco, 1984.

Milne, Courtney, and Sherrill Miller. *Visions of the Goddess*. New York: Penguin Studio, 1998.

Nichols, Sallie. *Jung and Tarot: An Archetypal Journey*. York Beach, Maine: Samuel Weiser, Inc., 1987.

Noble, Vicki. *Motherpeace: A Way to the Goddess through Myth, Art, and Tarot*. San Francisco, Harper & Row, 1983.

Oman, Maggie, ed. *Prayers for Healing: 365 Blessings, Poems, and Meditations from*

Around the World. Berkeley: Conari Press, 1997.

Querido, Rene. *The Golden Age of Chartres: The Teachings of a Mystery School and the Eternal Feminine*. Hudson, N. Y. : Anthroposophic Press, 1987.

Shaw, Miranda. *Passionate Enlightenment: Women in Tantric Buddhism in India*. New Jersey: Princeton University Press, 1994.

Walker, Barbara G. *The Woman's Dictionary of Symbols and Sacred Objects*. San Francisco: Harper & Row, 1988.

——. *The Woman's Encyclopedia of Myths and Secrets*. San Francisco: Harper & Row, 1983.

Wehr, Gerhard. *The Mystical Marriage: Symbol and Meaning of the Human Experience*. Translated by Jill Sutcliffe. Wellingborough, U. K. : Crucible/The Aquarian Press, 1990.

Wilkinson, Roy. *Rudolf Steiner: Aspects of His Spiritual World-View Anthroposophy, Volume 1*. London: Temple Lodge, 1993.

相關書籍

Inner Child Cards：*A Fairy-Tale Tarot*, by Isha Lerner and Mark Lerner

Inner Child Cards Workbook：*Further Exercises and Mystical Teachings from the Fairy-Tale Tarot*, by Isha Lerner

The Path of the Priestess：*A Guidebook for Awakening the Divine Feminine*, by Sharron Rose

Virgin Mother Crone：*Myths and Mysteries of the Triple Goddess*, by Donna Wilshire

The Woman with the Alabaster Jar：*Mary Magdalen and the Holy Grail*, by Margaret Starbird

The Great Goddess：*Reverence of the Divine Feminine from the Paleolithic to the Present*, by Jean Markale

The Goddess in India：*The Five Faces of the Eternal Feminine*, by Devdutt Pattanaik

Lady of the Beasts：*The Goddess and Her Sacred Animals*, by Buffie Johnson

國家圖書館出版品預行編目資料

三態女神神諭卡／伊莎・勒娜（Isha Lerner）著；瑪拉・費德曼（Mara Friedman）繪　尤可欣等譯--初版. --臺北市：商周出版：家庭傳媒城邦分公司發行，2013〔民102〕
　面；公分.
　ISBN 978-986-272-507-8（平裝）
1. 占卜
292.96　　　　　　　　　　　　　　　　　　102025266

東西命理館019

三態女神神諭卡

結合古老薩滿文化，以三態女神聖靈智慧給予指引，啟發自我意識與覺醒，重返生命的和諧狀態

原 著 書 名／The Triple Goddess Tarot: The Power of the Major Arcana, Chakra Healing, and the Divine Feminine
原 出 版 社／Inner Traditions, Bear & Co.
作　　　者／伊莎・勒娜（Isha Lerner）
繪　　　者／瑪拉・費德曼（Mara Friedman）
翻　　　譯／尤可欣、甘宜平、林麗純、娜塔Narta
企 劃 選 書／何宜珍、蔣豐雯
責 任 編 輯／曾曉玲

版 權 部／黃淑敏、翁靜如
行 銷 業 務／林彥伶、張倚禎
總 編 輯／何宜珍
總 經 理／彭之琬
發 行 人／何飛鵬
法 律 顧 問／台英國際商務法律事務所　羅明通律師
出　　　版／商周出版
　　　　　　臺北市中山區民生東路二段141號9樓
　　　　　　電話：(02) 2500-7008　傳真：(02) 2500-7759
　　　　　　E-mail：bwp.service@cite.com.tw
發　　　行／英屬蓋曼群島商家庭傳媒股份有限公司城邦分公司
　　　　　　臺北市中山區民生東路二段141號2樓
　　　　　　讀者服務專線：0800-020-299　24小時傳真服務：(02)2517-0999
　　　　　　讀者服務信箱E-mail：cs@cite.com.tw
劃 撥 帳 號／19833503　戶名：英屬蓋曼群島商家庭傳媒股份有限公司城邦分公司
訂 購 服 務／書虫股份有限公司客服專線：(02)2500-7718；2500-7719
　　　　　　服務時間：週一至週五上午09:30-12:00；下午13:30-17:00
　　　　　　24小時傳真專線：(02)2500-1990；2500-1991
　　　　　　劃撥帳號：19863813　戶名：書虫股份有限公司
　　　　　　E-mail：service@readingclub.com.tw
香港發行所／城邦(香港)出版集團有限公司
　　　　　　香港灣仔駱克道193號東超商業中心1樓
　　　　　　電話：(852) 2508 6231　傳真：(852) 2578 9337
馬新發行所／城邦(馬新)出版集團
　　　　　　Cité (M) Sdn. Bhd.
　　　　　　41, Jalan Radin Anum, Bandar Baru Sri Petaling,
　　　　　　57000 Kuala Lumpur, Malaysia.
　　　　　　電話：603-90578822　傳真：603-90576622
行政院新聞局北市業字第913號

設　　　計／綠貝殼資訊有限公司
印　　　刷／卡樂彩色製版印刷有限公司
總 經 銷／高見文化行銷股份有限公司　電話：(02)2668-9005　傳真：(02)2668-9790

■ 2013年（民102）12月26日初版　　　　　　　　　　　　　Printed in Taiwan
定價／890元　　　　　　　　　　　　　　　　　　　　　　著作權所有，翻印必究
商周部落格：http://bwp25007008.pixnet.net/blog
ISBN 978-986-272-507-8　　　　　　　　　　　　　　　　城邦讀書花園
　　　　　　　　　　　　　　　　　　　　　　　　　　　　www.cite.com.tw